DELIUS KLASING

MIX
Papier aus verantwortungsvollen Quellen
Paper from responsible sources
FSC® C105338

Jürgen Löhle

»*Explosive Mischung*«
Brägel gibt nicht auf

Lebenshilfe für Hobby-Radsportler

Delius Klasing Verlag

Bibliografische Information der Deutschen Nationalbibliothek
Die Deutsche Nationalbibliothek verzeichnet diese Publikation in
der Deutschen Nationalbibliografie; detaillierte bibliografische
Daten sind im Internet über http://dnb.dnb.de abrufbar.

2. Auflage
ISBN 978-3-667-11862-2
© Delius Klasing & Co. KG, Bielefeld

Lektorat: Klaus Bartelt
Abbildungen: Cornelia von Seidlein
Satz: Fotosatz Habeck, Hiddenhausen
Druck: Books on Demand, Norderstedt
Printed in Germany

Alle Rechte vorbehalten! Ohne ausdrückliche Erlaubnis
des Verlages darf das Werk weder komplett noch teilweise
reproduziert, übertragen oder kopiert werden, wie z. B. manuell
oder mithilfe elektronischer und mechanischer Systeme inklusive
Fotokopieren, Bandaufzeichnung und Datenspeicherung.

Delius Klasing Verlag, Siekerwall 21, D - 33602 Bielefeld
Tel.: 0521/559-0, Fax: 0521/559-115
E-Mail: info@delius-klasing.de
www.delius-klasing.de

Inhalt

Auf leisen Sohlen	7
Fahrtbegleiter	11
Feste feiern	15
Frühjahrskur	19
Glatt gebügelt	23
Hokuspokus	27
Krise? Welche Krise?	31
Küchenschlacht	35
Mit Drive	39
Um die Ehre	43
Zwitscher, zwitscher	47
Der eingebildete Kranke	51
Die Firma	55
Schlemmertraining	59
Alter schützt ... vor gar nix	63
... und nun zum Wetter	67
Viel Rauch um nichts	71
Camping deluxe	75
PA34SY678GPZ – Liebe im Netz	79
Sehnsucht nach Leberkäs	83

Quer-Treiber	87
Offener Brief	91
Macker im Acker	95
Stars unter sich	99
Ran an den Speck	102
Generationskonflikt	106
Sieger am Galibier	110
Rollende Trinker	114
Sachwerte	118
Alle meine Freunde	122
Kraft der Gedanken	126
Wintertage in der Jasmingrotte	130
Nach Plan	134

Auf leisen Sohlen

Was hat Radsport mit Bequemlichkeit zu tun?
Zunehmend mehr – meint zumindest Brägel

Was ist das? Es klappert, als ob Metall auf Keramik trifft und kommt daher wie ein besoffener Storch? Richtig, ein Radfahrer in Radschuhen. Und zwar richtigen, also solchen, die unter dem Ballen einen mindestens drei Zentimeter dicken Klotz haben, der selbst einen normal bewegungsbegabten Menschen daherwatscheln lässt wie eben einen Storch mit Gleichgewichtsstörungen. Bei so einem Anblick brechen ängstliche Kinder gerne in Tränen aus, ihre Väter grinsen höhnisch, Frauen halten sich die Hand vor den Mund und quetschen merkwürdige Laute hervor, die nicht anerkennend klingen.

Und jetzt gleitet plötzlich Brägel zum Stammtisch wie Fred Astaire (die Älteren erinnern sich vielleicht) auf eine Bühne in New York. Kein Schwanken, kein Stolpern, nichts. An seinen Füßen trägt er Radschuhe, aber ganz seltsame. Die Dinger haben Sohlen wie Wanderschuhe, die Pedalplatte verschwindet im Profil. Man kann also ganz normal gehen. Wir wollen gerade in anerkennenden Jubel ausbrechen, als der alte Hans entsetzt aufjault: »Das sind ja Mountainbike-Schuhe.« Das Wort »Mountainbike« zieht er gequält in die Länge, als müsse er »Krötenschleim« oder »Darmspiegelung« sagen. »Möglich«, sagt Brägel, »aber saubequem.« Worauf wir diskutieren, ob Rennradfahren bequeme Seiten haben darf oder nicht.

Grundsätzlich natürlich nicht. Radfahrer definieren sich als

Wuchtbrummen, die auch dann noch Härte zeigen, wenn das Tennisbüblein oder Fußballerchen über die Hitze, den Ball, den Gegner, den Biorhythmus oder das falsche Sockentextil jammert. Wir wissen genau, wo die Kotzgrenze liegt, und zwar nicht am Tresen (gut, da auch), sondern am Berg. Also ist Bequemlichkeit eher so etwas wie ein Schimpfwort. Punkt. »Quatsch«, sagt Brägel, »der alte Hans fährt doch schon seit 25 Jahren wegen seiner Lendenwirbelsäule nicht mehr Unterlenker – da kann er auch gleich einen geraden Lenker montieren. Ich habe jetzt einen.« Der alte Hans will gerade entrüstet kontern, aber der Präsident unterbricht. »Du hast was?« Und dann erklärt uns Brägel, dass er sich an sein endgeiles Gios-Carbon einen geraden Lenker hat schrauben lassen, was zwar ein wenig schwierig zu schalten, aber kommod zu fahren sei. Außerdem eben laufbare Schuhe und zum Schluss hat er noch seinen steinalten, steinharten und superschmalen Sattel, der selbst bei Profis Hodenreizungen auslösen würde, gegen ein breiteres Modell mit Gelpolster getauscht. »Fehlen nur noch Steckschutzbleche, falls es regnet«, stöhnt der Präsi, und Brägel nickt: »Hab' ich auch.«

Darauf müssen wir erst einmal ein Hefe hell trinken. Brägel bestellt auch eins, was uns etwas beruhigt. So wie er drauf ist, hätte es ja auch ein Glas Mango-Maracuja sein können. Oder Buttermilch. Aber noch scheint nicht alles verloren, zumal er offenbar nicht plant, künftig an Radwandertagen teilzunehmen, bei denen ein 17er-Schnitt als Höllentempo gilt. Aber die Schuhe sind schlimm genug. Wir erklären Brägel, dass unser Sport in einer Zeit entstanden ist, als Männer noch Männer waren. In den Urzeiten der Tour de France sind die Jungs ohne Schaltung und mit Starrachse 400-Kilometer-Etappen auf Naturstraßen gefahren. Heute verehren wir Männer wie Tom Simpson, der sich am Mont Ventoux zu Tode getreten hat oder die vielen namenlosen

Profis, die im Ziel einer Bergankunft wenigstens ein bisschen ohnmächtig werden. »Simpson war gedopt«, sagt Brägel, »und seit es EPO gibt, kippt auch keiner mehr im Ziel um.«

Dummerweise hat der Lapp recht, aber das ist noch lange kein Grund, auf einmal als Wanderradler daherzukommen. Fehlt nur noch Licht, Klingel und ein Ständer. »Ständer nicht, das andere schon«, sagt Brägel und nimmt den alten Hans ins Visier. »Du fährst doch immer ohne Klingel, sogar auf Radwegen. Die Leute erschrecken, wenn du vorbeirast, weil dein asthmatisches Röcheln keiner hört.« Der alte Hans nickt. Stimmt, das gehört dazu: Kreischende Jungmütter, die vor Schreck beinahe in den Kinderwagen hüpfen, wenn wir unangekündigt vorbeidonnern – das ist Radsport. »Oh, ihr Kretins«, höhnt Brägel. Wir erklären dem alten Hans, dass uns Brägel nicht als Kartoffelauflauf beschimpft hat und beruhigen den Lapp. Jedenfalls sind wir gegen die Wellness-Welle. Rennräder haben unbequem zu sein, dann fährt man nämlich schneller, damit man nicht so lange drauf sitzen muss. Und gerade Lenker oder Schuhe mit Wandersohlen sehen einfach scheiße aus. Ganz abgesehen davon – man muss ja nicht am Unterlenker greifen, man darf.

Brägel lässt sich aber nicht beirren, er will es künftig einfach bequemer haben. Für uns ein ernstes Zeichen, dass eine Ära langsam zu Ende gehen könnte, zumal er mittwochs jetzt auch noch einen Yogakurs besucht und dabei die Sonne anspricht oder so ähnlich. Allerdings: Bei der letzten Ausfahrt wurde er überholt, wobei sich einer über Brägels Lenker beömmelt hat (»He, ein Birkenstock-Radler!«). Brägel sprintete hinterher und antwortete freundlich (»Noch ein Wort und ich lass' dich deine Luftpumpe fressen«). Alles wird gut. Nur das mit den Schuhen, das muss aufhören.

Fahrtbegleiter

Es gibt viele Dinge, die man zum Radfahren definitiv nicht braucht – ein Tacho aber ist eine absolute Notwendigkeit

Brägel ist verzweifelt. Es ist kurz vor Weihnachten, der Radhändler seines Vertrauens im Urlaub, und sein Radcomputer hat den Geist aufgegeben. Offenbar ist der Sender kaputt. Und das ein paar Tage nach unserem traditionellen »Tacho-auf-Null-stellen-Fest« am dritten Advent. »Ich weiß gar nichts mehr«, jammert der Lapp, »nicht, wie weit ich fahre, nicht, wie schnell, keine Ahnung, welcher Schnitt oder wie viele Höhenmeter – und das zum Saisonauftakt, grauenhaft.« Brägel sieht aus, als stünde er kurz vor dem Suizid. »Sieh' es einfach positiv«, sagt der alte Hans, »50 Kilometer im 19er-Schnitt sind ja nicht gerade der Brüller. Und wenn es das Ding wieder tut, kannst du die Gesamtkilometer bis dahin schätzen und ein paar dazu bescheißen.«

Brägel widerspricht zwar künstlich empört, scheint aber ein wenig beruhigt. Und wir sind mittendrin in einer Diskussion, was zum Radfahren alles dazugehört und was nicht. Keine Frage, diese kleinen Dinger am Lenker sind mittlerweile fester Bestandteil des Velos. Erwachsene Männer bekommen beinahe Weinkrämpfe, wenn der Computer streikt und am Horizont das Menetekel erscheint, dass am Ende des Jahres just diese nicht gespeicherten Kilometer zur Zielvorgabe fehlen könnten. Diese Angst ist verständlich, schließlich sind die angestrebten Jahreskilometer die wichtigste Zahl im Leben eines echten Mannes.

Dass Frauen auch ohne Tacho glücklich radeln können, wissen wir, verstehen es aber nicht. Das ist einfach so. Punkt.

Offenbar gehört inzwischen für viele auch das Handy zur Basis-Ausstattung. Der Präsident wurde kürzlich mitten im Training ganz weiß um die Nase, wühlte wie ein Irrer in seinen Trikottaschen und drehte schließlich abrupt um. »Ich hab' mein Handy vergessen«, stammelte er und fuhr in umgekehrter Richtung davon. Ziemlich merkwürdig – zumal sich keiner von uns erinnern konnte, dass der Präsi jemals beim Training angerufen wurde. Brägel vermutet, dass der Präsident sein Mobile (Brägel sagt immer englisch korrekt »Mobeil«) zu Hause auf dem Schuhschrank hat liegen lassen und jetzt zittert, dass seine Frau die vielen SMS seiner Freundin lesen könnte. Wir vermuten, dass Brägel nur auf diese Begründung kommen kann, weil er genau weiß, wovon er spricht.

Wir schweigen aber höflich, weil man mit Handys natürlich auch Spaß haben kann. So wie neulich, als der alte Hans in sein neues Nokia gebissen hat, weil es in seiner linken Trikottasche steckte, wo sich normalerweise ein bereits ausgepackter Müsliriegel befindet. Weniger lustig sind dagegen die Marotten von so manchem Radheld, Dinge viel zu lange zu behalten. Brägel hat zum Beispiel immer noch eine ganze Kollektion von Trinkflaschen aus den Zeiten von Mapei und Fassa Bortolo, in denen sich Kolonien schwarzpockiger Schimmelpilze tummeln. Wir sind aber schon froh, dass er wenigstens seine Team-Stuttgart-Bidons nicht mehr mitnimmt. Die stammen nämlich noch aus einer Zeit, als Brägel mit Eigenurin-Doping experimentierte. Der alte Hans will freilich erfahren haben, dass Brägel die Flaschen unserer Jugendabteilung geschenkt hat. Nachdem die Kids aber erst neulich alle gesund am Stammtisch waren, kann das eigentlich nicht sein.

Ähnlich merkwürdig ist die Unsitte, Dinge beim Radfahren mitzunehmen, die an irgendwelche besonderen Ereignisse erinnern. Der alte Hans trägt immer noch sehr gerne das Trikot eines französischen Radmarathons, bei dem er 1985 den ersten Platz in der Ausländerwertung gewonnen hat, was als einziger Nicht-Franzose im Feld allerdings auch nicht allzu schwer war. Wie auch immer, das Trikot bringe Glück, sagt er, sieht aber mittlerweile aus wie die Schmusedecke eines zweijährigen Spinatessers – und riecht auch so. Brägel würde sich sicher immer noch gerne in seinen legendären Zeitfahr-Einteiler von Banesto zwängen, aber der ist beim letzten Versuch vor ein paar Wochen geplatzt. Ähnlich peinlich ist das Tragen von Angeber-Sonnenbrillen, Marke Cipollini, nur weil man seit 1999 ein Autogramm von Super-Mario hat (Präsident).

Kurzum – das meiste, was Radfahrer mit sich führen zu müssen meinen, ist überflüssiger Quatsch. Wobei Brägels Panik, ein paar Tage ohne Tacho unterwegs sein zu müssen, ausdrücklich nicht dazu zählt. Ohne Computer macht das Radfahren wirklich keinen Spaß. Das erhebende Gefühl, die 58,7 Kilometer lange Winter-Trainingsrunde im Vergleich zum gleichen Tag des Vorjahres mit einem 23,82-Schnitt statt damals mit 23,76 bewältigt zu haben, ist unvergleichlich. So was geht runter wie Öl, das sind Glücksgefühle, die man seit Jahren nicht mehr erlebt hat. Wir haben uns deshalb ausnahmsweise mit Brägel solidarisch erklärt, sind in die Nachbarstadt gefahren und haben bei einem anderen Radhändler einen neuen Sender besorgt.

Der Tacho tut wieder, alles wird gut. Weihnachten ist gerettet, und das nächste Jahr gleich mit.

Feste feiern

Brägels Radclub hat Geburtstag – die Vorbereitungen
sind in vollem Gange. Und es ist wie immer:
Vorfreude ist die schönste Freude

Das Jahr 2009 ist das Jahr der Jubiläen: 60 Jahre Bundesrepublik, 20 Jahre Mauerfall, und vor 40 Jahren waren die Amis auf dem Mond – behaupten sie zumindest. Dazu ist Joseph Haydn seit 200 Jahren tot, Österreich feiert das Andreas-Hofer-Jahr, Borussia Dortmund wird 100, Jopie Heesters 106 und der Radclub stolze 15 Jahre alt. Das muss gebührend gefeiert werden, zumal Brägel feinfühlig anmerkt, »dass wir es da krachen lassen sollten, weil der alte Hans die 20-Jahr-Feier wahrscheinlich nicht mehr erleben wird«. Diese Äußerung fiel nach einer Trainingsfahrt, bei der Brägel erstaunlicherweise den Schlussanstieg als Vorletzter vor dem guten Hans bewältigte.

Natürlich haben wir alle bis auf einen herzlich gelacht, wurden dann aber doch sachlich, weil so ein Vereinsjubiläum eine ernste Sache ist. Wir einigten uns schnell auf ein Jubiläums-Komitee, dem fast alle angehören, und auf das zweite Augustwochenende als Termin. Das Programm wird grandios: Der Präsident kennt einen, dessen Tochter eine Freundin hat, deren Freundin im Kunstradverein ist und den Kehrlenkersitzsteiger beherrscht. Diese Übung hat Brägel auch schon mal versucht, allerdings aus Versehen, als er an einer roten Ampel zu spät in die Bremsen griff. Aber das ist ein anderes Thema.

Auf jeden Fall werden wir Kunstradvorführungen machen und dazu einen Ergometer-Wettbewerb. »Wer 1000 Watt schafft«, sagt der Präsident, »bekommt als ersten Preis ein Wochenende im November in meinem Wohnwagen am Bodensee.« Mal abgesehen davon, dass der November am Bodensee nicht gerade der Kracher ist, sind 1000 Watt eine Menge Holz, besonders wenn man bedenkt, dass ein guter Profisprinter die letzten Meter so mit knapp 700 Watt unterwegs ist. Alternativ, so ein Vorschlag, könnten wir Brägel auf dem Ergo vorlegen lassen, und jeder würde gewinnen, der 20 Prozent mehr Druck aufs Pedal bringe. Davon will der Präsi aber nichts wissen. »Dann müssen wir den ganzen Campingplatz mieten, und das nicht nur im November«, sagt er. Brägel schweigt. Wahrscheinlich hat er es nicht verstanden.

Weitere Programmpunkte sind: eine Einsteigerfahrt für Frauen, geführt von Brägel, und Werkstatt-Tricks vom alten Hans, der zeigt, wie man die Züge einer Unterrohrschaltung perfekt einstellt. Dazu bietet der Präsi dem Volk eine Wette an, dass er mit verbundenen Augen alle gängigen Kettenfette am Geschmack erkennt. Beim Essen sind wir uns schnell einig: Es gibt Wurst vom Grill, Pommes und diese staubtrockenen Flammkuchen für die Mikrowelle, die wir für 1,99 das Stück im Gastronomie-Großmarkt kaufen und für 7,50 unter die Leute bringen. Weil ein jung-dynamisches Mitglied noch »was Gesundes« anmahnt, wird der alte Hans einen Waschzuber seiner berühmten Schaschliksoße kochen, da sind Zwiebeln und ein paar Paprika drin, das müsste an Vitaminen reichen. Die Soße kann man über die Wurst, die Pommes oder auch über den Flammkuchen kippen, je nachdem.

Die Vorfreude ist jedenfalls groß – zumal Brägel für die Tombola einen Hauptpreis »von großem Wert« spenden will. Die Stimmung kippt ein wenig, als sich »der große Wert« als altes Telekom-Trikot mit Unterschrift von Jan Ullrich herausstellt und

das jung-dynamische Mitglied nicht weiß, wer Jan Ullrich ist. Für die Älteren ist das aber schon was.

Jetzt müssen wir nur den Schwung über den Frühling in den Sommer retten. Wird nicht ganz leicht werden, da am Horizont dunkle Wolken auftauchen. Es geht um die obligatorische Festschrift, die ein ortsansässiger Journalist nach den Vorgaben unseres Jubiläums-Komitees erarbeitet hat. Beim Probelesen von »Helden der Landstraße – 15 Jahre Radclub« haben unbeteiligte Dritte erstaunt erzählt, dass sie gar nicht wussten, dass eine so große Anzahl der besten Radfahrer der Welt Mitglied in unserem Club seien, und wie es sein könne, dass von denen noch keiner die Tour de France gewonnen habe. Das hätte man ja noch ausbügeln können, dummerweise hat aber der Präsi bemerkt, dass sein Name auf den 87 Seiten sechsmal vorkommt, der von Brägel aber achtmal, und dass dies unmöglich sein könne. Der Autor zeigte sich über die Kritik erst erstaunt, dann fassungslos und legte schließlich sein Mandat nieder. Jetzt soll ich die Texte ausgewogen machen, was nicht so einfach werden wird, da mein Name sogar nur viermal erwähnt wird – was angesichts meiner Taten für diesen Club unmöglich sein kann.

Probleme könnte auch noch das geplante Jubiläums-Kriterium in der Innenstadt machen. Brägel erklärt sich zwar bereit, das Rennen zu finanzieren, aber nur dann, wenn wir uns auf ihn als Kapitän einigen und ihn als Ersten über die Ziellinie pilotieren. »Kein Problem«, sagt der alte Hans, »wenn nur Clubmitglieder mitfahren dürfen und du 35 Kilometer durchhältst, dann schaffen wir das. Sonst wird es leider nichts werden.« Danach entbrannte ein ziemliches Geschrei am Stammtisch. Das Jubiläum soll aber trotzdem stattfinden – ohne Rennen.

Frühjahrskur

*Der Frühling ist da, der Speck muss weg –
und Brägel hat da eine Idee ...*

Wenn wir geahnt hätten, was Brägels neueste Idee aus normalen Männern machen kann – wir wären davongerannt. Ganz sicher. So aber schauen wir am Stammtisch erst nur amüsiert in unsere Gläser, als Brägel uns eröffnet, dass wir doch um der Form willen und auch zur »seelischen Läuterung« einfach mal eine Woche nichts essen sollten. Gar nichts. Überhaupt nichts. »Das«, so Brägel, »bringt uns im Frühling richtig nach vorn, weil wir natürlich trotzdem weiter trainieren.«

Schweigen. Nichts essen ist ja schon hart genug, aber dann auch noch Rad fahren? »Du bist doch derjenige, der schon nach 30 Kilometern den Energieriegel auspackt«, sagt der alte Hans, »das schaffst du doch gar nicht.« Brägel lässt sich aber nicht abbringen und schwärmt von ungeahnter neuer Fitness, ganz neuen Geschmackserlebnissen danach, von einer Steigerung der sexuellen Energie und von einer kompletten Regeneration der Darmflora. Den meisten von uns ist das Innere ihres Darms egal, höhere Geschmackserlebnisse als einen Balkan-Teller mit Pommes und Djuvec-Reis kennen wir auch nicht, und fit sind wir sowieso. Aber das dritte – okay, klingt interessant. Da das Ganze ja auch einen sportiven Charakter hat, weil man nicht weiß, wer durchhält, haben wir schließlich zugestimmt.

Wir beginnen am Mittwochabend. Brägel verteilt einen Einmal-Kräuter-Einlauf. Plötzlich brüllt der alte Hans wie wild, weil

er die ölige Plörre getrunken hat. »Du Idiot«, sagt Brägel, »das ist für hinten rein.« Der alte Hans versteht gar nichts. Wir bestellen ihm ein Hefe hell und beschließen, dass er die Kur nun eben mit einem kleinen Fastenbrechen beginnt, was dann auch eintritt. Wir anderen gehen mit dem Klistier lieber nach Hause. Brägels Vorschlag, uns die Einläufe gegenseitig zu verpassen, wird einstimmig abgelehnt.

Am nächsten Morgen treffen wir uns zum »Frühstück« (Brägel) im Clubhaus. Es gibt warmes Wasser und einen halben Esslöffel Sellerie-Sud. Der Präsident berichtet von einer unruhigen Nacht auf der Toilette und dass er im Moment so viel sexuelle Energie verspüre wie ein Bachkiesel. Der alte Hans fragt, ob Steine Sex haben, aber keiner antwortet. Wir fahren los, schön piano. Nach 20 Kilometern kommen wir am »Burger Inn« im

Nachbarort vorbei. Der Präsi beginnt aus dem Mund zu tropfen, ich habe böse Hunger, aber Brägel ruft: »Durchhalten, spätestens morgen spürt ihr keine Hungergefühle mehr.« »Natürlich nicht, morgen bin ich tot«, knurrt der alte Hans. Wir schaffen 40 Kilometer und fühlen uns mies. Zum Abschied rät uns Brägel, mit Watte in den Ohren zu schlafen, dann würde das Magenknurren nicht so stören.

Zwei Tage geht das so weiter. Der Schnitt beim Radfahren sinkt langsam, aber stetig. Mittlerweile fühlen wir uns alle wie Bachkiesel. Für Sex wären wir viel zu schwach, dafür warten wir auf die ungeheure Fitness und auf das Nachlassen des Hungergefühls, das auch nicht so richtig funktioniert. Im Prinzip hätten wir nach drei Tagen sagen können, lasst gut sein, aber bei sportiven Männern ist es ähnlich wie bei Investmentbankern – keiner will zuerst aufhören.

Am nächsten Abend geben die ersten auf, der Präsi kommt gar nicht. Seine Frau berichtet, er habe einem Kindergartenkind einen Schokoriegel aus der Hand gerissen und sei daraufhin von aufgebrachten Erzieherinnen verprügelt und der Polizei übergeben worden. Als ihn seine Frau auf der Wache abholte, wurde er gerade von einem verständnisvollen Beamten mit Wurstsemmeln gefüttert. Bei dem Wort »Wurstsemmel« fängt der alte Hans leise an zu schluchzen. Auch Brägel ist ein wenig ruhiger geworden. Aufgeben wollen wir aber nicht. Am nächsten Tag ist der Hunger weg, dafür läuft's auf dem Rad gar nicht mehr. Die »ungeahnte Fitness« endet nach einer Stunde mit einem 22er-Schnitt im Clubheim. Gut sehen wir nicht aus, ein wenig blass und schmal im Gesicht, was die Fettpolster um die Hüften noch besser zur Geltung bringt. Der Präsi kommt vorbei. Wir beleidigen ihn ein wenig, er nennt uns »Idioten« und bestellt sich ein Hefe hell. Brägel starrt ihn aus glasigen Augen an, sagt erst lange nichts, ehe er aus seiner Tasche das Buch »Fasten – Quell aller Kraft« zieht. »Da steht's«, ruft er schließlich, »das einzige Lebensmittel, das die Mönche beim Fasten zu sich genommen haben, war Bier.« Der alte Hans hebt den Kopf, murmelt »dem Himmel sei Dank« und bestellt ein Hefe hell. Da dies nicht als Fastenbrechen zu werten ist, ziehen wir anderen nach. Und da in dem Buch nicht steht, wie viel so ein Mönchlein am Tag gebechert hat, bleibt es nicht bei einem.

Man kann sich leicht vorstellen, was drei Hefe hell in einem seit fünf Tagen nüchternen Magen anrichten. Unser Fasten endet jedenfalls wenig später an einer Pommesbude am Bahnhof. Die fünf Kilometer dorthin haben wir mit einem 24er-Schnitt geschafft. Es gibt »Curry spezial mit Fritten«, in der Tat ein ganz neues Geschmackserlebnis. Morgen wollen wir uns einen Tag erholen und dann bei mäßigem Training langsam wieder zu Kräften kommen. Vielleicht klappt es dann auch mal wieder mit dem Sex. Wie unsere Darmflora jetzt aussieht – ist uns immer noch egal. Brägel hat sein Buch übrigens vor dem Bahnhof in einen Mülleimer geworfen.

Glatt gebügelt

Brägel will jünger aussehen – und greift zu radikalen Mitteln

Die Attacke kam völlig unerwartet, aber so ist das eben im Leben und im Radsport. Brägel war eine Woche im Training nicht dabei. Als er dann plötzlich unvermittelt am Stammtisch auftaucht, spüren wir alle sofort, dass irgendwas nicht stimmt. Dummerweise merken wir nicht, was. Brägel bestellt Hefe hell, prostet uns aufgeräumt zu und sagt nur: »Na?« Wir sind erst einmal sprachlos. Man kennt das ja. Du kommst nach Hause, deine Partnerin schaut dich fragend an, und du Idiot brauchst eine Stunde, bis du endlich merkst, dass sie nackt ist oder eine neue Frisur hat. Typisch männliche Wurstigkeit eben. Brägel ist allerdings nicht nackt, und von so was wie einer Frisur kann man bei ihm schon seit Jahren nicht mehr reden.

Wir schweigen noch ein wenig ins Bier, bis der alte Hans endlich sagt: »Was, na?« Brägel grinst und sagt: »Schaut doch mal.« Herrgottnochmal, das tun wir schon seit zehn Minuten, aber ohne Ergebnis. »Hast du ein neues Hemd?«, krächzt schließlich der Präsident. Brägel schüttelt den Kopf, deutet auf seine Stirn und sagt: »Was ist das?« Was zum Teufel soll das jetzt werden? »Eine Stirn«, sagt der alte Hans. »Und was noch?«, nölt Brägel. Jetzt schweigen wir wieder, weil eine Stirn eben eine Stirn ist. Plötzlich platzt Brägel, natürlich nur verbal. »Mann, schaut doch hin, ihr Affen! Keine Falten, nullkommanull, die habe ich mir mit Botox wegspritzen lassen.« Jetzt, wo er's sagt: tatsächlich. Brägel sieht aus, als sei er in eine Heißmangel gefallen.

Danach gibt es natürlich ein riesiges Palaver. Ganz im Ernst, das kann nicht sein. Rasierte Beine – okay; einfarbig edle Campa-Trikots gehen immer, ein Lederband ums Handgelenk auch noch, und – wenn es denn sein muss – auch ein kleines Tattoo auf der Schulter. Aber Botox ... niemals! Das Zeug ist mutmaßlich noch giftiger als Brägels Eigenurin. »Ignoranten«, bellt Brägel, »dafür sehe ich besser aus als ihr; viel besser.« Genau genommen sieht der Lapp scheiße aus, maskenhaft und lächerlich. »Möchte sich der Herr auch noch den Hintern straffen lassen?«, ätzt der Präsi, was Brägel aber gar nicht beeindruckt. »Warum nicht«, sagt er.

Danach doziert er eine halbe Stunde darüber, dass Schönheitskorrekturen beim Mann der Wachstumsmarkt überhaupt seien und in den USA bereits jeder zweite Kunde eines Schönheitschirurgen männlich. Brägel redet über Hautglättung, Kinn-Implantate und Fettabsaugung, als ginge es um Fahrrad-Accessoires. Und am Ende sagt er dann noch: »In zwei Wochen lasse ich eine Lidstraffung machen.« Wir schweigen verwirrt, bis der alte Hans knurrt: »Wenn man so ein kleines Ding auch noch strafft, dann ist es weg.« Wir erklären ihm, dass sich Brägel nicht das Glied straffen lassen will, sondern am Auge, aber das ist nicht das Problem. »Bist du bescheuert«, ruft der Präsident, »wir sind ein Radclub und kein Sammelbecken für Michael-Jackson-Imitate.«

Dann geht es richtig los. Am Ende des Abends steht fest, dass wir im Radclub die Male der Zeit mit Anstand tragen werden. Es wäre ja auch absurd, sich für teures Geld Hüftspeck anzufressen, nur um ihn dann für noch mehr Geld wieder absaugen zu lassen. Zudem drückt sich männliche Schönheit viel mehr durch elegantes und geschmeidiges Drehen der Radkurbel aus als durch

hinter die Ohren gebügelte Gesichtshaut. Ganz abgesehen davon kostet eine einzige gestraffte Hinterbacke so viel wie drei Carbonrahmen, und das steht natürlich keineswegs in einem gesunden Verhältnis. Und noch was: Würde man Brägels Haut konsequent straffen, wäre sie am Ende derart kurz, dass er beim Gähnen in die Hose machen würde. Alles geht eben doch nicht.

Wir diskutieren lange, aber Brägel bricht erst nach einem physikalischen Argument ein: dass runzlige Oberflächen besser gleiten als glatte. Das weiß man aus der Tierwelt. Die Haut eines Delfins ist rau wie Schmirgelpapier, und man raut heute auch die Tragflächen von Flugzeugen an. Ergo muss Brägel mit seiner glatten Giftstirn mehr Druck aufs Pedal geben als mit dem alten Faltenwurf. Das wirkt. Brägel verspricht, den OP-Termin abzusagen, und das Botox würde in ein paar Wochen seine Wirkung verlieren. Und so lange müsse er eben im Windschatten fahren.

Das, denke ich, bleibt eine Hoffnung. Trotz des energischen Widerstands gegen Brägels neue Macke scheint im Club aber doch was hängengeblieben zu sein. Das Prospektmaterial über Nasenkorrekturen ist in allen möglichen Jackentaschen verschwunden, und den alten Hans habe ich erwischt, wie er auf der Toilette vor dem Spiegel stand, mit den Daumen die Augenbrauen Richtung Decke zog und »nicht schlecht, nicht schlecht«, murmelte.

Brägel hat mir dann noch gestanden, dass er sich intensiv mit der Möglichkeit von Po-Implantaten beschäftigt. »Viola sagt immer, ich hätte keinen Arsch in der Hose«, greint er. Vor meinem geistigen Auge tauchen Bilder auf, wie Brägels Hintern bei einem zu schwungvollen Absetzen in den Sattel platzt und sich grünliches Silikon auf die Straße ergießt.

Ich muss Viola anrufen. Sie darf das mit dem Arsch in der Hose nie wieder sagen. Nie wieder.

Hokuspokus

Manche sind schnell, weil sie viel trainieren. Andere sind schnell, weil sie auf die Kraft geheimer Mächte vertrauen – glauben sie wenigstens

Radfahrer sind manchmal seltsam. Dass sie anders fahren als reden (»gaaaanz langsam« heißt volle Pulle) ist bekannt, ebenso, dass sie ihre Form entweder aus taktischen Gründen herunterspielen oder an völlig verquerer Selbsteinschätzung leiden wie Brägel. Der Lapp strebte ja bis vor kurzem sogar noch eine späte Profikarriere an, obwohl er mit seinen 25er-Schnitten höchstens im Januar auf Malle mithalten könnte. Wenn überhaupt.

Wirklich lästig können aber Rituale werden. Bei uns begann das damit, dass der alte Hans irgendwann kurz nach dem Krieg am Berg einen Konkurrenten abhängen konnte, nachdem er zuvor einmal über seine linke Schulter gespuckt hatte. Seither rotzt der Kerl vor jeder Steigung, was uns nicht weiter stört, weil hinter ihm höchstens noch Brägel rollt. Neulich war er aber vor dem Schlussanstieg Zweiter – da war es natürlich höchste Zeit, sich mal darüber zu unterhalten.

Und da kam einiges raus: Der Präsident trägt bei entscheidenden Fahrten eine zwölf Jahre alte Radhose, die so dünn und ausgeleiert ist, dass er locker als Exhibitionist durchgehen könnte. In der Hose hat er in den 1990er-Jahren mal eine RTF gewonnen – obwohl man solche Fahrten ja gar nicht gewinnen kann, weil es keine Zeitmessung gibt. »Das passende Trikot würde ich auch gern anziehen«, sagt er, »aber das hat meine Ex vor einigen Jah-

ren zu Putzlappen zerschnitten.« Jetzt wissen wir wenigstens, woran die Ehe gescheitert ist. Ein anderes Klub-Mitglied hat sein Fahrrad »Bruno« getauft und redet mit ihm. Wir wussten zwar, dass sich esoterische Zirkel gerne mit ihren Zimmerpflanzen austauschen, aber das ist dann doch neu. »Und was machst du, wenn es böse war?«, will der alte Hans wissen. Dann, so die Replik, müsse Bruno in der Garage schlafen statt im Wohnzimmer. Bis zu dieser Aussage hatte der Mann erst ein Hefe hell getrunken und galt bislang als Maschinenbau-Ingenieur als recht vernünftiger Zeitgenosse.

Die meisten Rituale sind zum Glück harmlos: der Glückspfennig unter dem Lenkerband zum Beispiel, das ausschließliche

Verwenden von Campa-Fett aus der Retro-Dose, das Einstellen der Sattelhöhe im Millimeterbereich oder das Aufsteigen immer nur von links. Andere sind völlig sinnlos. »Ich kippe immer erst das Iso-Pulver in die Flasche und dann das Wasser«, sagt der alte Hans. »Klar«, sagt Brägel, »das ist aber kein Ritual, sondern normal, weil es sich sonst nicht mischt.«

Wir bestellen alle noch ein Hefe, was wir auch brauchen, denn Brägels Rituale schlagen natürlich wieder einmal alles. An normalen Trainingstagen trinkt Brägel morgens einen Brennnessel-Ingwer-Sud, den Viola in einer Fausto-Coppi-Tasse reichen muss. Zum Einreiben seiner Beine schwört er seit Jahren auf die Ölmischung eines Tierarztes, der damit lahmende Reitpferde salbt. Das Zeug riecht wie Pinselreiniger mit Essig und brennt wie Feuer, aber Brägel schwört darauf, weil er mit dieser Mixtur einmal Erster bei der Klubausfahrt in Alpe d'Huez war. Wir vermuten zwar, dass damals noch ganz andere Substanzen als Tee und Öl für den Erfolg verantwortlich waren, aber gut. Grundsätzlich fährt Brägel zu schwarzem Lenkerband nur weiße Handschuhe und umgekehrt. Wir fragen, warum, und Brägel faselt etwas von einem aktiven Kontrast, der die Müdigkeit bekämpft. Dafür täte es natürlich auch ein Spiegel am Vorbau. Wenn Brägel sich selbst sähe, wäre er vor Schreck immer hellwach. Früher gehörte bei ihm auch noch der Banesto-Zeitfahreinteiler dazu, aber den hat Viola entsorgt. Ohne Folgen für die Ehe – zumindest bisher.

Brägel legt aber noch nach. Das Velo aus seinem Fuhrpark, das für die nächste Ausfahrt vorgesehen ist, parkt nachts zuvor auf einer Bioresonanzmatte. »Das tankt Energie ins System«, sagt er. Er selbst schläft im Bett, und zwar nackt, es sei denn, es steht eine wichtige Ausfahrt an, dann trägt er ein Original-Trikot von Ulle von 1997, das nicht gewaschen werden darf. »Die arme Frau«, sagt der Präsident. Brägel lässt sich nicht beirren und erzählt, dass er sich die Beine nur bei Vollmond enthaart, mit einer Lauge, mit der man auch rostige Gartenstühle abbeizen kann. »Das brennt zusammen mit dem Tierarzt-Öl derart, da fährst du von ganz alleine schneller«, erklärt er. Im Sattel ist er dann aber harmlos. Bis auf die Macke, dass in der mittleren Trikottasche immer eine Bio-Banane aus Costa Rica stecken muss, tickt er dann normal.

Der Stammtisch hat dann noch ziemlich lange gedauert, weil jeder ein paar Rituale drauf hatte, die noch keiner kannte. Ich blieb aber stumm. Muss ja nicht jeder wissen, dass ich sozusagen unschlagbar bin, wenn ich meinen walisischen Energiestein um den Hals trage. Dieser Stein wurde von einem keltischen Druiden und vier südenglischen Jungfrauen besprochen und ist allemal gut für eine Steigerung des Schnitts um zwei Stundenkilometer. Aber das bleibt bitte unter uns.

Krise? Welche Krise?

Wer sie nicht schon hat, dem zeigt Brägel, wie man sich finanzielle Probleme schaffen kann

Eigentlich müssten wir alle jammern, schließlich ist Krise. Dummerweise stellen wir am Stammtisch aber fest, dass es uns gut geht – und das geht natürlich gar nicht. Der alte Hans ist sogar regelrecht euphorisch, weil er für sein altes Auto 2500 Euro Abwrackprämie kassiert hat; und er lacht sogar herzlich mit, als Brägel sagt, er hätte locker 5000 bekommen können, wenn er sich gleich mit abgemeldet hätte. Aber so kann das nicht weitergehen. Das Land versinkt in Depression, und wir trinken Hefe hell und fahren Rad als sei nix.

Deshalb haben wir beschlossen, uns künftig den Umständen entsprechend zu verhalten. Da man in Krisenzeiten enger zusammenrücken sollte, werden wir uns künftig drei- statt zweimal die Woche zum Stammtisch treffen. Andere Ausgaben werden radikal gestrichen, es wird gespart, bis wir das Ende der Krise absehen können. Also keine teuren Mätzchen mit Frau oder Freundin, keine Dopingmittel aus Usbekistan, keine neuen Laufräder oder Komponenten. Erlaubt sind Verschleißteile wie Reifen, Bremsgummis oder Steroide, zur Not auch Trinkflaschen. Brägel darf sich außerdem neue Schuhe kaufen, weil er seine alten Time-Platten derart abgeschliffen hat, dass man sie nicht mehr abschrauben kann, weil man keine Schraubenköpfe mehr findet.

Zwei Wochen geht alles gut, dann entdeckt Brägel diese

Anzeige in der örtlichen Zeitung, in der ein Internet-Radhändler supergeile amerikanische Carbonrahmen zu einem derart wahnwitzig günstigen Preis anbietet, dass er entweder verrückt oder so gut wie pleite sein muss. »Männer«, ölt Brägel, »vielleicht sollten wir uns volkswirtschaftlich verantwortlich verhalten und durch gezielten Konsum die Wirtschaft beleben? Außerdem sichern wir dadurch Arbeitsplätze.« Ich bezweifle zwar, dass Internet-Händler viele Angestellte haben, aber der Rahmen ist für 599 Euro sozusagen nachgeworfen. Brägel wird beauftragt, Kontakt aufzunehmen und berichtet beim nächsten Stammtisch euphorisch, dass er noch einmal einen Fuffi Rabatt pro Rahmen ausgehandelt habe, wenn wir gleich zehn Stück bestellen. Es seien alle Größen zwischen 52 und 61 innerhalb von drei Werktagen lieferbar. Lieferung gegen Vorkasse, zwei Wochen Rückgaberecht. »Wo ist denn diese Wahnsinnsfirma?«, fragt der alte Hans. Brägel sagt, das wisse er nicht, es gebe nur eine Mobilnummer und eine Mailadresse.

Wir vergessen jede Vorsicht, die bei so einem Preis angebracht wäre, überweisen knapp 6600 Euro auf ein Konto in Luxemburg und warten. Nach einer Woche kommt eine E-Mail, dass es sich ein wenig verzögern könne, nach zwei Wochen noch eine, die die Lieferung in zehn Tagen ankündigt. Dann kommen sie tatsächlich, zwölf Rahmen, allerdings alle Größe 60 und aus Stahl. Das Einzige, was so aussieht wie in der Anzeige, sind die gefälschten Aufkleber. Wir rufen sofort an, erfahren aber, dass die Nummer nicht vergeben ist, eine Mail kommt zurück, weil es die Adresse nicht gibt, und die Bank in Luxemburg sagt uns, dass das Konto, nun ja, vor vier Tagen aufgelöst worden und die Polizei auch schon da gewesen sei. Am Ende erklärt uns die Bank – unter dem Siegel der Verschwiegenheit – dass der ehemalige Kontoinhaber eine Firma mit Sitz auf den Kapverdischen

Inseln sei, was unser Anliegen sicher nicht einfacher machen würde.

Jetzt ist sie wirklich da, die Krise. Nachdem selbst Brägel (»Das ist sicher ein Versehen«) klar geworden ist, dass wir abgezockt worden sind, haben wir jetzt ein Erklärungsproblem, da wir alle zu Hause darauf gepocht haben, dieses einmalige Angebot anzunehmen und dafür anderweitig zu sparen. »Ich habe Viola gestern einen Vortrag gehalten, dass sie in Krisenzeiten doch auch mit Supermarkt-Shampoo statt ihrem sauteuren Coiffeur-Mist auskommen könnte, wir machen nur noch für vier Stunden am Tag heißes Wasser, und ich versenke 550 Euro«, jammert Brägel.

Am Ende haben wir die Lage aber krisenkonform geregelt. Damit wir nicht als Deppen dastehen, haben wir alle beim örtlichen Radhändler den Originalrahmen geordert, allerdings für 1375 Euro. Das war auch günstiger als der Listenpreis, weil der Händler die alten Stahlmöhren für je 50 Euro in Zahlung genommen hat. Der Mann war so glücklich, dass er Brägel noch ein Paar Radschuhe und uns anderen je eine Trinkflasche geschenkt hat. Im Gegenzug wurde er verpflichtet, mit niemandem darüber zu reden.

So haben wir die Konjunktur im Ort doch noch belebt, die Zukunft des Radladens ist jedenfalls gesichert. Künftig werden wir uns aber nicht mehr um die Wirtschaftskrise kümmern. Kein bisschen. Wir kümmern uns nur noch um den Sport und um unsere neuen Renner, die wirklich gut sind. Und wir werden Brägel beim nächsten Training aus seinen neuen Schuhen fahren, weil er die dämliche Anzeige entdeckt hat. Ganz sicher.

Küchenschlacht

Brägel will seinen Kumpels die Kunst des besseren Lebens nahebringen – Teil eins: Kochkurs

Brägel schiebt den Teller von sich weg und fragt: »Was soll das sein?« Der Wirt vom Clubhaus guckt grimmig und knurrt: »Schnitzel mit Soße, Pommes rot-weiß und gemischter Salat – warum?« Brägel verzieht das Gesicht und hält dann einen Vortrag, in dem von »widerlichem Häckselmatsch mit klebriger Panade« die Rede ist, von Pommes, die entweder verkohlt oder fettig seien, und von einem Salatdressing, das »von einer unstimmigen Kräutermischung aus dem Supermarkt« dominiert sei. Der Wirt nickt freundlich, sagt: »Jau, wie immer eben«, und verschwindet.

Wir wissen auch nicht genau, worauf Brägel hinaus will, schließlich bestellt er seit Clubgründung nichts anderes, höchstens mal Spaghetti Bolognese, die man bei unserem Wirt wirklich nicht ordern sollte. Das schmecken selbst wir, obwohl wir nicht anspruchsvoll sind, sondern ganz normale Radfahrer. Also Menschen, die zwar ihr Sportgerät hegen, aber nie auf die Idee kämen, nach Inhaltsstoffen ihrer Nahrung zu fragen. Essen sollte man, was schmeckt, schnell geht, satt macht und im Notfall selbst von uns nachkochbar ist. Der alte Hans zum Beispiel isst zu Hause am liebsten Miracoli für vier Personen und schneidet in die Soße noch eine Cabanossi – wegen dem Eiweiß. Damit steht er einsam an der Spitze unserer Kochkompetenz. Kurzum: Essen ist bei uns seit jeher reine Nahrungsaufnahme. Wir würden zwar nie und nimmer einen aggressiven Fettlöser an die Kette lassen, aber alles bedenkenlos an unsere Magenschleimhaut.

Und nun kommt Brägel daher und erklärt uns, dass er neuerdings beim Kochen am besten entspannen könne, und nölt, wir sollten mehr auf uns achten – und gutes, gesundes Essen wäre dazu die Basis. »Was müssten wir dann so zu uns nehmen?«, fragt der Präsi. Das hätte er besser gelassen, denn Brägel referiert eine halbe Stunde über enzymatische Nahrungsergänzung zur Regeneration des Basendepots und erklärt, dass wir alle wegen eines Geschmacksverstärkers namens Glutamat auf direktem Weg ins Grab seien. »Hab' ich mir noch nie bestellt«, knurrt der alte Hans. Wir schweigen.

Brägel lädt eine Delegation fürs kommende Wochenende zu sich nach Hause zum Kochen ein. Wir treffen auf eine, nun ja, mäßig entspannte Gattin Viola, die von Brägel gerade in den Gewürzgarten geschickt wird. »»Sie sammelt ein Bouquet garni«, erklärt er. Der alte Hans will wissen, ob Franzosen eingeladen sind, wird aber ignoriert. Wir denken, dass es sich bei einem Bouquet garni um eine Art Blumenstrauß für den Tisch handelt. Viola kommt aber mit Grünzeug zurück, bindet sie mit einem Stück Faden, pardon: Küchengarn, zusammen und entschwindet mit den Worten: »Viel Spaß, ich geh' ins Kino.«

Brägel erklärt, wir würden provenzalischen Lammbraten mit Ratatouille kochen. Der alte Hans soll Zwiebeln schneiden, der Präsi Basilikum hacken und neun Knoblauchzehen zerdrücken, was der Idiot mit dem Handballen macht, der jetzt ein Jahr müffeln wird. Brägel röstet Paprikaschoten über der offenen Gasflamme, bis sie schwarz sind und Blasen werfen. Wir lachen herzlich, aber Brägel rubbelt die verkohlte Schicht vorsichtig ab und hat nun »perfekt vorbereitete Paprika«, wie er sagt. Der alte Hans hat derweil einen ganzen Sack Zwiebeln geviertelt, aber vorher nicht geschält. Brägel erklärt ihm ruhig, wie es richtig geht und macht dabei einen total relaxten Eindruck. So geht das noch eine Weile, und wir versinken selig beim Schnippeln von Auberginen und Zucchini, schwitzen Zwiebeln glasig, blanchieren Tomaten, schmoren, rühren – und trinken ausgiebig Küchenwein, weil Brägel gesagt hat, dass man das tut.

Die Zeit vergeht wie im Flug. Als das Essen schließlich auf dem Tisch steht, ist es draußen dunkel, wir relativ betrunken und in der Küche sieht es aus, als hätte ein Einbrecher etwas erfolglos gesucht. Wir geben uns dem Essen hin, das gar nicht mal so schlecht ist. Außerdem gibt es schon wieder kein Hefe hell, sondern Rosé vom Mont Ventoux. Es wurde ein ganz netter Abend, unterbrochen nur von einigen spitzen Schreien, als Viola nach dem Kino in die Küche sah. Wir versprechen ihr, alles in Ordnung zu bringen, was wir aber leider vergessen haben, weil es nach dem Espresso schon drei Uhr morgens war.

Schwer zu sagen, ob solches Essen nun gesünder ist. Fakt ist, dass der Aufwand gewaltig ist, die Kosten enorm, die Sättigung auch nicht anders als bei Miracoli mit Cabanossi und der Kater danach grauenhaft. Aber Kochen entspannt wirklich ungemein. Der Radclub wird deshalb künftig einmal im Monat bei wechselnden Mitgliedern Küchentraining machen. Das nächste Mal beim Präsident. Es gibt Chateaubriand mit pomodori secchi und hinterher einen Salat von Kaktusfeige, Minze und Marsala. Mahlzeit.

Mit Drive

Brägels neuer Zeitvertreib macht ihn und Gattin Viola gemeinsam glücklich – und den Radclub ratlos ...

Brägel hat Stress zu Hause, was, wie er sagt, nur am Wetter liegt. Auf Nachfragen wird er etwas präziser und erklärt, dass er jetzt im Frühsommer eben fast jeden Abend eine kleine Trainingsrunde drehe und danach noch die längst fälligen Wartungsarbeiten an seinem Velo-Park durchführe. Und Viola würde es stören, dass er sein spezielles Kettenfett immer im Wohnzimmer aufträgt. »Ich habe ihr erklärt, dass ich dazu einen staubfreien Raum brauche, das war doch ein Kompliment, oder?«, sülzt er. Viola sei trotzdem not amused gewesen. Deshalb fahre er jetzt noch ein wenig mehr, was die Stimmung nicht gerade verbessern würde.

»Hart bleiben«, rät der alte Hans, der gut reden hat, weil er seit kurz nach dem letzten Krieg alleine lebt. Wir anderen kennen aber den Konflikt zwischen Kilometersammeln und häuslichem Frieden nur zu gut und raten Brägel zu ein wenig Rücksicht. Bis zum nächsten Stammtisch hat sich das Klima bei Brägels aber eher noch verschlechtert. Der Lapp hatte Viola einen Blumenstrauß mitgebracht, der selbst für ungeübte Augen als Supermarkt-Arrangement für Dreineunundneunzig zu erkennen war. Danach ging er noch länger auf die Piste. »Erst dachte ich, alles ist okay, zumal am nächsten Abend der Tisch feierlich gedeckt war. Als ich dann aber fragte, warum, wurde es eisig.« Dann schweigt er, und wir müssen ihm aus der Nase ziehen, dass er den Geburtstag von Jan-Miguel vergessen hatte. »Und? Wie hast du reagiert?«, fragt der Präsident. »Ich habe dem Kleinen 20 Euro gegeben und bin eine Runde trainieren gegangen.«

Keine Frage, da besteht Handlungsbedarf. Gemeinsames Radfahren, so viel ist klar, wird nicht funktionieren. Beim letzten Versuch war Viola schon nach zwei Wochen schneller als Brägel, was diesen fast für ewig aus dem Sattel getrieben hätte. Kultur ist auch schwierig: Brägel würde ja höchstens mal eine Fahrradtechnik-Ausstellung besuchen. »Golf«, sagt plötzlich der Präsi, »mach doch mit deiner Frau einen Golfkurs.« Das war natürlich ein Witz. Aber einer mit Folgen.

Brägel sagt erst mal nichts, doch die Idee hat ihm gefallen, denn zum nächsten Stammtisch erscheint er mit einer graugelben Stoffhose, einem weißen Polo-Shirt mit Krokodil und weißen Schuhen mit lächerlichen Lederläppchen drauf. »Ich komme gerade von der Driving Range – echt geil«, sagt er. Der alte Hans schaut ein wenig doof und murmelt »Ich dachte, seine Frau heißt Viola«, wir anderen schweigen erst mal entsetzt. Nun ja, Brägel ist ein wenig blasiert, Kohle hat er genug und seit einiger Zeit wohl auch keinen Sex. Aber GOLF? Als Radfahrer? Wir beleidigen ihn ein wenig, aber er faselt nur etwas von einem gaaaaanz tollen Gefühl, wenn der Ball fliegt, und dass Viola schon beim ersten Training 120 Meter geschafft habe und er immerhin 80. Wow – vor ein paar Tagen hat er sich kaum an den Namen seiner Frau erinnert, und jetzt ist er stolz auf sie. Da Brägel danach aber wie immer zwei Hefe hell trinkt und sich erkundigt, ob wir zum Start der Tour de France nach Monaco fahren sollen, denken wir, das gibt sich schon wieder.

Von wegen. Brägel blüht förmlich auf, trägt immer seltsamere Klamotten, telefoniert sogar am Stammtisch mit »Golffreunden« (»Ja, der Driver aus Carbon, supersupi-Zug, echt. See you

am Abschlag, tschüssi«), stellt sich in der Umkleide vor den Spiegel und zeigt uns imaginär den perfekten Golfschwung. »Offen stehen, Muskulatur versammeln, aber trotzdem locker bleiben.« Kurz: Er ist auf dem Weg zum Golfer. Und wie alle Golfer redet er ständig darüber. »Was machst du«, fragt er am Stammtisch, »wenn im Loch ein Frosch sitzt, und der Ball nicht ganz reingeht?« Wir vermuten: drauftreten, aber Brägel erklärt minutenlang ein kompliziertes Verfahren, das uns nicht interessiert, was er aber nicht merkt.

Am nächsten Wochenende schwänzt er die erste lange Ausfahrt der Saison, weil er Platzreifeprüfung hat. Dafür kommt er mit Viola am späten Nachmittag ins Clubhaus, um mit uns noch was zu trinken. Und bringt ein befreundetes Pärchen mit – er Immobilien, sie irgendwas mit Marketing. Die beklagen sich prompt über die Speisekarte und dass es keinen Blanc de Noir aus Südbaden gebe. Als dann Frau Marketing den alten Hans fragt, warum er sich in seinem Alter so einen Stress antue, und ob man beim Radeln nicht sehr transpirieren würde, ist klar, dass die sinnstiftende Idee für Brägels Familie für uns zumindest keine ist. Wenn das so weitergeht, kauft er Viola irgendwann noch so einen schwarzen 200-PS Villenviertelpanzer, mit dem zierliche Anwaltsgattinnen immer drei Parkplätze vor dem Bäcker blockieren.

Zwei Tage später kommt Brägel tatsächlich mal wieder zur Ausfahrt, redet aber unentwegt von seinem neuen Super-Putter und dass wir doch mal mitkommen sollten in seinen Club, der so ähnlich wie Domäne Oberruppertsweiher heißt. Wir erinnern uns, dass wir bei einer Radrunde einmal auf der Terrasse dieses Clubs etwas trinken wollten, aber wegen unpassender Kleidung abgewiesen wurden. Brägel muss wieder aufhören mit dem Quatsch, so viel ist sicher. Wundersamerweise fährt er nämlich auch noch besser Rad. Wie das gehen soll, mit ein bisschen spazierengehen und Stöckchen schwingen, wissen wir zwar nicht, aber es macht uns Sorgen. Große Sorgen.

Um die Ehre

Okay, man muss sich als Radler nicht alles gefallen lassen. Aber mit welchen Mitteln darf man sich wehren? Der Radclub gerät schwer ins Grübeln ...

Heiß ist es draußen. Sommer. So haben wir's gerne. Es rollt doch gleich viel leichter mit Sonne in den Speichen. Brägel aber sitzt griesgrämig auf der Terrasse des Clubheims und schlürft lustlos an seinem Hefe hell. Nachdem wir ihn mit seiner neuen Golfleidenschaft ein wenig beleidigt haben (»Hat der Herr ein Handicap mit dem Handicap?«) erzählt er uns von seiner jüngsten Trainingsrunde (auf dem Rad). Am Ende sind wir uns ausnahmsweise alle mal einig: So geht's nun wirklich nicht.

Also, das war so: Brägelchen fuhr entspannt durch leicht welliges Gelände. Von hinten kam einer rasch näher, aber Brägel hat ja mittlerweile das altersmilde Stadium erreicht, in dem er klar Überlegene passieren lässt, ohne sich bis zur Kotzgrenze in deren Windschatten zu quälen. Der andere fährt aber nicht vorbei, sondern klemmt sich grußlos an Brägels Hinterrad. Brägel dreht sich um und sagt: »Hallo.« Der andere schweigt, Brägel taxiert: Gut 15 Jahre jünger, kein Helm, verspiegelte Angeber-Brille, edles Rad und dazu das Klamotten-Arrangement von Caisse d'Epargne und zwar komplett, also mit passenden Handschuhen und Socken, was man auch nicht so oft sieht. Brägel versucht's noch einmal. »Tach, wo geht's hin?« Der andere schweigt, zuckt nicht einmal mit dem Mundwinkel. Doch dann

setzt sich der Schweiger plötzlich neben Brägel, grinst und sagt: »Hör mal, was machst du hier eigentlich? Radfahren? Nicht wirklich, oder?« Und bevor Brägel ihm seine Pumpe über den Schädel ziehen kann, tritt der Kerl derart brutal an, dass der verdutzte Brägel nicht den Hauch einer Chance hat, seinen Windschatten zu erreichen, was er jetzt schon gerne getan hätte.

»Waren wir früher auch so respektlose Rüpel?«, fragt der Präsident. Wir nicken alle, und dann überfällt uns die Erkenntnis, dass bei unseren Leistungen irgendwie die Luft raus ist. Das fängt damit an, dass wir uns kaum noch für Radrennen interessieren, dass der alte Hans den »Eschborn-Frankfurt City-Loop« für eine Flugschule gehalten hat und endet damit, dass wir immer milder in die Pedale treten. Kurz: So geht's nicht weiter. Der ganze Mist mit In-Würde-altern muss aufhören. Radfahren muss ein Härtebeweis bleiben, sonst können wir gleich alle in Brägels Golfclub wechseln. Brägel regt an, künftig mit Pfefferspray auf Tour zu gehen und freche Wadenschnösel einfach aus dem Sattel zu pusten. Klingt gut, wird aber wegen der Probleme bei Gegenwind verworfen. Elektroschocker und Gaspistolen verstoßen gegen den Ethik-Code des Radclubs und sind daher auch keine Lösung.

Der Präsi berichtet von einem neuartigen Zusatzantrieb, der unsichtbar ins Sattelrohr eingebaut wird und auf Knopfdruck 100 Watt zusätzlich bringt, die zur Abwehr einer Jugendforscht-Attacke allemal reichen müssten. Das hellt unsere Laune spürbar auf. Unsichtbare 100 Watt – bis auf den alten Hans würde uns das alle für ein paar Minuten in den 300-Watt-Bereich blasen und den Gegner ins Sauerstoffzelt. Geil. Wir wollen gerade den Präsident mit der Klärung der Frage beauftragen, ob es dieses für Mountainbikes entwickelte Wunderding auch für Rennräder gibt, als Brägel plötzlich sagt: »Hey Leute, das ist doch Betrug.« Da schau her. Jetzt redet plötzlich ein Kerl von Moral, der alle Internet-Apotheken dieser Welt nach EPO absucht, bei jeder Ausfahrt »gaaaaanz locker« ruft, bevor er antritt und kein Problem damit hat, 19,8 der letzten 20 Kilometer am Hinterrad zu lutschen, um dann vorbeizuziehen. »Wo ist das Problem?«, ölt der alte Hans, »du bescheißt doch eh immer.«

So schnell gibt Brägel aber nicht auf. »Ich habe kein Problem, diesen borniertene Schnösel mithilfe eines High-Tech-Motörchens abzuledern, aber wir wissen dann ja auch intern nicht mehr, warum einer so schnell ist, wie er ist. Kapiert?« Schweigen. Abgesehen davon, dass man sich bei uns nie wirklich sicher sein kann, dass einer nichts genommen hat, hat so ein unsichtbarer Watt-Booster schon eine neue Qualität. »Wenn ich schneller als irgendeiner von euch am Berg bin, glaubt mir das keiner mehr«, sagt Brägel. »Das kann ja auch gar nicht sein«, kontert der Präsi, »dazu brauchst du schon ein Golfwägelchen.« Wir lachen herzlich, aber Brägels nächstes Argument sitzt dann doch. »Das gilt für alle und vor allem immer. Egal, wie hart ihr trainiert, jeder Sieg wird angezweifelt, wie bei den Profis auch. Wollt ihr das?«

Natürlich nicht. Wir einigen uns darauf, den Kampf gegen den weichen Tritt mannhaft aufzunehmen. Also endlich mehr zu trainieren, vor allem härter und konsequenter. Jungschnösel werden sich spätestens in vier Wochen wieder warm anziehen müssen, wenn sie attackieren. Drei Tage später stand dann übrigens auch Brägels Bilanz gegen Caisse d'Epargne 1:1. Er hat das Rad des Schwätzers vor einem Biergarten entdeckt, die Ventile rausgeschraubt und ihm einen abgestandenen Rest Hefe hell auf den Sattel gekippt. Alles wird gut.

Zwitscher, zwitscher

Brägel goes online:
Schließlich hat er immer was zu sagen ...

Brägel hat ein neues Handy. Ach was, Handy – das pfannkuchendicke Ding heißt so ähnlich wie Schwarzbeere und man kann damit unendlich viele Dinge tun, wahrscheinlich sogar telefonieren, aber da sind wir uns nicht ganz sicher. Auf jeden Fall kann man jederzeit ins Internet, was eigentlich kein Mensch braucht, schon gar nicht beim Radfahren.

Brägel schon. Zuerst fingerte er den Brummer nur dann aus dem Trikot, wenn wir Pause machten. »Will jemand wissen, wie gerade das Wetter auf Malle ist?«, fragte er. »Im Dezember sicher wärmer als hier«, antwortete der Präsident gelangweilt. Genauer wollte es keiner wissen. Dann verstärkte sich Brägels Handymanie. Aber wir interessierten uns weiterhin weder für das Wetter im Süden, noch für aktuelle Börsenkurse, den Bundesliga-Liveticker, ein Speckknödel-Rezept oder die Meldung, dass Frau Merkel für 2010 eine wirtschaftliche Erholung sieht. »Du nervst«, nölte der alte Hans, als Brägel beim gemütlichen Rollen plötzlich begann, das Kinoprogramm vorzulesen.

All das wäre ja noch gegangen, bis uns Brägel beim Weihnachtsessen erklärt, dass er sich bei Twitter angemeldet hat. »Ist das was Sexuelles?«, fragt der alte Hans. Brägel winkt ab und versucht uns Twitter zu erklären, wobei wir es, ehrlich gesagt, nicht so ganz kapieren. Anscheinend geht es darum, dass man jederzeit im Internet loswerden kann, was man gerade macht. Das nennt man dann Twittern, auf Deutsch: Zwitschern. Brägel zückt seine Schwarzbeere und hackt rein: »Weihnachtsessen mit Gans, Rotwein und Apfelstrudel. Superlecker.« Das schickt er dann ab. »Und wer will das wissen?«, fragt der Präsi. Brägel erklärt, dass seine Botschaft jetzt jeder auf der Welt im Internet lesen könnte. Und dass er schon 17 Follower habe – das seien Menschen, die tatsächlich lesen würden, was er schreibt. Das wiederum finden wir okay. Wenn nur 17 von knapp sieben Milliarden Menschen wissen wollen, was Brägel gerade isst, besteht noch Hoffnung. Wobei die 17 wirklich gaga sein müssen. Zumindest der eine, der ihm geantwortet hat: »Yeah – next time try this«, schrieb ein gewisser »Tiefsee19« und stellte das Bild einer Currywurst dazu.

Nach dieser tollen Vorführung sinnloser Kommunikation haben wir in Ruhe weiter gegessen und herzlich gelacht, als Brägel nach dem Toilettengang gefragt wurde, was denn »Tiefsee19« zu seiner Verdauung gesagt habe. »Idioten«, zischt Brägel, »ewiggestrige Technikfeinde.« Das stimmt natürlich nicht. Keiner von uns wehrt sich gegen sinnvollen Fortschritt. Einen unsichtbaren 200-Watt-Zusatzmotor fürs Rennrad würden wir akzeptieren. Wir hätten auch kein Problem mit neuen, nebenwirkungsfreien Dopingsubstanzen, und wir nehmen es hin, dass es jetzt Bier mit Zitronengeschmack gibt – aber Twittern braucht wirklich kein Mensch.

Brägel schon. Bei der nächsten Ausfahrt begrüßt er uns mit den Worten: »Lance spielt gerade Golf.« Wir antworten altmodisch verbal »Supersuppi« und wollen losfahren, aber Brägel muss sich noch mitteilen: »Bad wheater, good legs.« Wir bezweifeln zwar, dass man das so schreibt, aber Brägel hat seine Follower inzwischen auf 19 erhöhen können und gibt sich international. Der Lapp twittert alle zehn Kilometer seine Position und wie er sich fühlt. Immerhin ohne anzuhalten. Wir hoffen inständig, dass es ihn mal ordentlich auf den Asphalt zimmert, dann wäre

vielleicht Ruhe. Aber Brägel bedient die Tastatur souverän und fährt freihändig.

Dann kam der Tag, an dem Brägel die Hände gar nicht mehr an den Lenker nahm, weil er pausenlos Antworten las. »Fühle mich schlapp – was hilft?«, hatte er in den virtuellen Raum gefragt. Danach klingelte es im Sekundentakt. Die Netzwelt bot Brägel Viagra, Testosteron, EPO, isokinetische Massage, Thai-Sex, Warzensalbe, Starkbier, biologischen Bienenhonig, Erdbeermilch und Last-Minute-Reisen an. Brägel war natürlich begeistert und will alles testen, und zwar schön der Reihe nach. Dagegen ist nichts einzuwenden, wenn er nur endlich dieses blöde Ding beim Radfahren ausschalten würde.

Zur Rettung der Radrunden-Kultur wird der alte Hans beauftragt, eine Strecke zu suchen, die ganz in einem Funkloch liegt. Als er uns zu einem geteerten Waldparkplatz in einer Senke unweit der Stadt lotsen will, beschließen wir, die Vereinssatzung zu ändern und Twittern bei Ausfahrten zu verbieten. Wir wollen am Stammtisch gerade die Hauptversammlung 2010 auf den 2. Januar vorverlegen, als Brägel zwischen zwei Hefe hell lapidar mitteilt, dass Twitter doch eher langweilig sei. »Ich bin jetzt bei Facebook, und das mache ich von zu Hause«, sagt er. »Ein ganzes Buch über Brägels Gesicht?«, knarzt der alte Hans. Aber keiner hört zu, wir sind nur glücklich. Das neue Jahr kann kommen, und die Hauptversammlung machen wir wie immer im September.

Der eingebildete Kranke

Es gibt Kranke – und es gibt Hypochonder. Zu welcher Sorte Brägel gehört, liegt auf der Hand

Der Hochwinter weicht. Die Schmisse der alljährlichen Beinenthaarung an Mariä Lichtmess im Clubhaus heilen langsam ab, wir freuen uns auf die neue Saison. Wie immer schreiben wir feierlich unsere Jahresziele auf einen Bierdeckel, der im verschlossenen Umschlag bis zur Weihnachtsfeier beim Wirt deponiert wird. Natürlich sind die meisten schon froh, wenn sie wenigstens die Hälfte schaffen. Aber wir haben trotzdem herzlich gelacht, als Brägel vor einigen Wochen gut 5000 Kilometer zum Jahresziel 2009 fehlten. Geplant hatte er 8000. Außerdem wollte er das Clubrennen gewinnen und fünf Kilo abnehmen. Muss ich erwähnen, dass er es nicht geschafft hat ...?!

Wir hoffen, dass er sich für 2010 realistischere Ziele setzt, zumal er auf seine Wachsenthaarung derart allergisch reagiert hat, dass seine Beine aussehen wie frisch gerupfte Tiefkühlhähnchen. Jede Form von Training sei bis Aschermittwoch unmöglich, sagt er. Das passt zu den hypochondrischen Zügen, die Brägel zunehmend entwickelt. Das nervt ungeheuer – und nicht nur seine Frau.

Beim jüngsten Stammtisch eröffnet er uns mit trauriger Miene, dass er an einer ernsthaften Autoimmunerkrankung leide. »Können Porsches krank werden?«, fragt der alte Hans. Brägel sagt, dass er unter Muskelschmerzen, Schwindel, Blähungen, Herzrasen und sexueller Unlust leide. »Okay«, sagt der Präsident, »aber doch schon seit Jahren – und das hat klare Ursachen.« Die ersten drei Symptome seien die Folge von Hefe hell, die beiden anderen die von heftigem Genuss von Zwiebeln und Knoblauch. Und so, wie er nach einer Grillplatte mit doppelt Zwiebeln manchmal stinke, dürfte das letzte Symptom eher auf Viola zutreffen. »Das weißt du aber doch selbst«, sagt der Präsi. Brägel beharrt aber auf seinem nahen Ende und präsentiert laufend neue Diagnosen, die er selbst nach stundenlangen Internet-Recherchen erstellt hat. Besonders hübsch finden wir die Option, dass Brägel an BSE erkrankt sein soll. »Das kann schon sein. Du fährst ja wirklich Rad wie ein Rindvieh«, sagt der alte Hans, und alle halten sich vor Lachen die Bäuche.

Kurz darauf, nachdem Brägel für sich selbst MS, Parkinson, Schweinegrippe und Lepra ausgeschlossen hat, spricht er von Burnout. »Brägel brennt?«, fragt der alte Hans. Wir bestellen noch ein Hefe dunkel (es ist Winter) und lassen uns von Brägel erklären, dass Burnout eine körperliche und seelische Erschöpfung sei, mit der sich vom eingewachsenen Zehennagel über Muskelzittern bis hin zu Mundgeruch alles erklären lasse, und für die es kein Medikament gäbe. Danach bestellt er Schnitzel mit Pommes und einen halben Liter Rotwein und nimmt still leidend sein karges Diät-Mahl zu sich.

Dummerweise sieht der Lapp noch nicht einmal krank aus, aber besser wird es dadurch nicht. Seit einiger Zeit ist er auch noch in Ratgeber-Foren im Netz unterwegs und diskutiert unter dem Codenamen »Influenza 21« über Dinge, die komplizierter sind, als alle Fernbedienungen eines durchschnittlichen deutschen Haushalts auf eine Universalbedienung umzuprogrammieren. Dazu hat er sich ein Arsenal von Vitaminpillen und Kombi-Präparaten beschafft, von denen mein Arzt sagt, dass die locker reichen würden, um seine Leber auf Jahre hinaus zu vergiften.

Langsam wird das Problem lästig. Dabei haben wir im Radclub die Standardformel »Na, wie geht's?« schon auf den Index gesetzt.

Bisher ohne Erfolg. Brägel bittet um eine Sondersitzung, weil er seinen Nachlass bezüglich der Clubhausfinanzierung regeln will, da er spätestens im September nicht mehr unter uns sein würde. »Woher weißt du das?«, fragt der Präsident. »Weil mein kleiner Zeh kribbelt«, erklärt Brägel, was das erste Symptom

einer gemeinen Krankheit sei, die schnell fortschreiten würde und absolut unheilbar sei. »Krieg' ich dann dein Gios-Carbon?«, fragt der alte Hans, was wir doch etwas unpassend finden. Brägel mag ja merkwürdig sein, aber wir müssen ihm helfen. »Hör mal, du bist nicht krank«, sagt der Präsident, aber Brägel winkt nur traurig ab, nimmt zwei Vitamin-B12-Kapseln und geht zur Selbsthilfegruppe einer Krankheit, deren Namen wir noch nie gehört haben. Angeblich eine seltene Form von Stirnhöhlenreizungen, die auch zur Verkrümmung des kleinen Zehs und zu Augenzucken führen kann.

Wir beschließen, dem Lapp zur Spontanheilung zu verhelfen. Beim nächsten Stammtisch verkündet der Präsi, dass Brägel künftig bei jeder Ausfahrt als Sieger der »Gruppe aktiver Mitglieder mit schweren chronischen Leiden« gewertet wird. »Wäre ja nicht fair, wenn wir ein körperliches Wrack wie dich mit uns vergleichen«, sagt er und bestellt Brägel einen Kamillentee. Einmal im Jahr dürfe er gegen den alten Hans antreten, wobei der dann aber noch zehn Kilo Ballast in seine Trikottaschen stecken müsse.

Brägel wird puterrot, ordert entrüstet ein Hefe hell und spricht seither kaum noch von seinen Krankheiten. Hypochonder ist er zwar immer noch, aber nicht schlimmer als früher – und wir alle.

Die Firma

Brägel hat einen Kurs über moderne
Unternehmensführung besucht. Das hat Folgen.
Aber nur kurz!

Brägel kommt ganz hippelig von einer einwöchigen Fortbildung zurück. Er habe viel über schlanke Strukturen gelernt, sagt er, was angesichts seiner Wampe merkwürdig klingt. »Nein«, nölt Brägel, »es geht nicht um mich, es geht um Organisation, um Effektivität, um Synergie ...« Wahrscheinlich würde er heute noch vor sich hin schwafeln, aber der Präsident unterbricht. »Warum erzählst du uns das?« Recht hat er, der Präsi, schließlich wollen wir die geplante Fahrt zu Paris–Roubaix besprechen und ein, zwei Hefe trinken, aber Brägel holt nur tief Luft und sagt: »Wir müssen mehr Geld verdienen.«

Wir erklären ihm, dass wir ein Radclub sind, also ein eingetragener Verein, der überhaupt kein Geld verdienen darf, und dass der Zweck unseres Vereins Radfahren, Geselligkeit sowie die Flucht vor den Lebensabschnittspartnern ist – und sonst nix. Brägel hat aber schon einen Plan und erklärt, dass wir als erstes den Clubhaus-Wirt feuern und das »Catering outsourcen«. »Katze mit Soße?«, fragt der alte Hans, aber niemand hört zu. Wir sind erst einmal empört, weil unser netter Wirt auch schon sechs Jahre einen guten Job macht und sowieso. Brägel behauptet aber, eine Firma an der Angel zu haben, die das Essen im Clubhaus aufwärmen und servieren könne, und dass dann Schnitzel mit Pommes nur noch Sechsfünfzig kostet statt neun Euro. »Und der Nachteil?«, fragt der Präsi. »Keiner«, behauptet Brägel,

die Firma würde Tausende von Essen herstellen und könne so günstiger produzieren. Das einzige wären die leicht reduzierten Bedienzeiten von 18 bis 21 Uhr. Mal abgesehen davon, dass ich kein »produziertes« Schnitzel will, gab es bisher warmes Essen bis halb elf, und das soll auch so bleiben. Und überhaupt feuern wir doch nicht den Wirt für 2,50 Euro weniger pro Schnitzel. Das hat auch was mit Anstand zu tun.

»Anstand«, sagt Brägel, »ist was für Idioten. Im Sattel kämpft ihr auch um jeden Vorteil, und in der Wirtschaft ist das nicht anders.« Der alte Hans fragt, seit wann wir in Gaststätten kämpfen, aber wir hören nicht zu, weil es natürlich nicht in die Tüte kommt, den Wirt zu feuern. Außerdem sülzt Brägel was von Geld verdienen, nicht von sparen. »Genau«, sagt Brägel, »wir lösen den Verein auf und gründen eine eigentümergeführte Firma, dann ist jedes Mitglied Eigentümer.« Keiner versteht, was das soll, aber Brägel hat eine Geschäftsidee. Unsere Samstagsrunden würden künftig als »Fantastic-Bike-For-Fun-Events« ausgeschrieben, an denen jeder teilnehmen darf – für schlappe 20 Euro Gebühr. Dafür wird dann jeder »Kunde« (Brägel) von einem leibhaftigen Firmeninhaber (ehemals Mitglied) betreut, und bekommt eine Trinkflasche plus Banane. »Das ganze Paket positionieren wir als ›Best-Single-Weekend-Activity‹«, schwärmt Brägel.

Abgesehen davon, dass wir unsere Ausfahrten für Frauen öffnen würden, ist das eine komplette Schnapsidee. 20 Euro pro Person. Wenn's hoch kommt, fahren 30 Leute mit, macht 600 Euro. Davon sollen wir Inserate zahlen, Trinkflaschen und Bananen. Bleibt also höchstens die Hälfte übrig, die wir auf 150 Mitglieder – sorry: Eigentümer – verteilen müssten. Echte Mörderkohle, den Steuerberater noch nicht eingerechnet. Dafür verlieren wir die Zuschüsse der Stadt und dürfen als Gewerbe treibende nicht mehr am Rosenmontagsumzug teilnehmen. Der alte Hans ist wegen der Frauen trotzdem dafür.

Uns anderen ist das zu wenig. Brägel hat natürlich auch darauf eine Antwort. »Sollte das Unternehmen zu wenig verdienen, muss man an die Kosten ran, ganz klar.« Konkret ist Brägel der Ansicht, dass es keine 150 Mitglieder braucht, um 30 Leute zu guiden. 15 täten es auch. Locker. »Und die anderen müssen nichts tun und verdienen mit?«, fragt der Präsi. Brägel schüttelt nur den Kopf. »Ist doch klar«, sagt er, »es müssen dann schlanke Strukturen her, das heißt, von den anderen 135 Inhabern müssen wir uns im Sinne des Unternehmens trennen. Die bekommen eine symbolische Abfindung von einem Euro und werden entlassen. Die Verbleibenden verdienen dann ordentlich.«

Wir wollen gerade näher darüber nachdenken, als der alte Hans sagt: »Okay – das heißt, den Club gibt's nicht mehr, nur noch eine Firma mit 15 Inhabern, und die anderen 135 sind draußen. Richtig?« »So ist es«, sagt Brägel und strahlt. Nach einem weiteren Hefe hell ist uns schnell klar, dass wir das eigentlich gar nicht wollen. Irgendwie sind wir doch ein Sportverein. »Hör mal«, sagt der Präsi, »Radfahren ist unser Hobby, das ganze Firmen-Tamtam ist doch Mist.« »Nein«, sagt Brägel, »das ist moderne Unternehmensführung. Der Zweck der Firma ist wurscht; was zählt, ist die Umsatzrendite. Wer das nicht begreift, ist ein Sozialromantiker.« Das Wort »Sozialromantiker« spricht er aus wie »Krötenschleim«.

Wir trinken noch ein Hefe hell und beschließen, dass uns die Umsatzrendite piepegal ist. Wir bleiben ein Radclub mit 150 sozialromantischen Mitgliedern und werden Brägel bei Paris–Roubaix einmal richtig übers Kopfsteinpflaster rütteln, damit seine Schaltkreise wieder so funktionieren wie vor der Fortbildung.

Schlemmertraining

Brägel variiert das Prinzip erfolgreichen Formaufbaus:
Training plus Genuss ...

Wir waren nach längerer Pause mal wieder zum Frühjahrstraining auf Mallorca, was sich gelohnt hat. Nicht wegen der Kilometer, sondern wegen tiefer Einblicke in die Brägelsche Radlerseele und der daraus resultierenden taktischen Gemeinheiten. Brägel hatte ein paar Wochen zuvor erklärt, er würde die Routen im Sinne eines »ausgewogenen Formaufbaus« planen. Wir haben freudig genickt, weil sich keiner nach Arbeit drängelt – was natürlich ein Fehler war. Brägel tüftelte Strecken nach seinem Gusto aus, was uns am Ende weniger Form, dafür aber leichtes Übergewicht einbringen sollte.

Und das kam so: Die erste Nacht in den Sechsbettzimmern war etwas unangenehm, vor allem, weil Brägel den alten Hans beleidigt hat. Als der am Abend unter der einzigen Dusche stand, betrat Brägel aus Versehen die Nasszelle. Sein Kommentar, eine Stunde später beim Essen: »Männer, ich habe vorhin in die Zukunft gesehen – es sieht nicht gut aus.«

Wir mussten den alten Hans mit zwei Glas Rotwein beruhigen. Beim Frühstück lesen wir Brägels Programm: 96 Kilometer, 800 Höhenmeter, moderat. Brägel zuckelt in einem Tempo vorneweg, bei dem wir während der 96 Kilometer wahrscheinlich einmal übernachten müssen. »Fettverbrennung«, ruft er nach hinten. Wir schweigen und finden das sanfte Einrollen gar nicht mal unangenehm. Nach 20 Kilometerchen will sich der Präsi gerade an die Spitze setzen, um das Tempo wenigstens etwas zu steigern, als Brägel »Stopp!« brüllt und vor einem Restaurant ausrollt. Es ist gerade halb elf, der Laden noch zu, aber eine kleine Frau öffnet strahlend, schnurrt etwas, was wohl Brägel heißen soll und bittet herein. Auf dem Tisch stehen Platten mit frittiertem Tintenfisch, Sardinen, schwarzen Oliven, Bauernschinken und Knoblauchgarnelen. Dazu Bauernbrot, Aioli und kühler Rosado. Brägel bestellt noch Milchkaffee und Brandy, während wir staunend essen. Für die Kalorien müssen wir im Fettverbrennungsmodus wahrscheinlich heute noch zweimal quer durch Europa fahren, aber egal.

Nach einer halben Stunde mahnt Brägel zum Aufbruch. Es geht in die Berge. »Jeder fährt seinen Rhythmus«, ruft er. Übersetzt: Jeder tritt, bis entweder keiner mehr vor ihm ist oder es ihm die Herzklappe aushängt. Wie immer halt. Brägel lässt das große Blatt stehen und drischt die leichte Steigung hoch als sei ihm der Leibhaftige auf den Fersen. Die ersten zehn Minuten gibt es noch ein paar launige Kommentare, dann das kläglich ersterbende »Heeeeeee …«, als der alte Hans reißen lassen muss, dann wird es still. In meinem Magen mischen sich Erschöpfung, Rosé und Aioli zu einem üblen Klumpen, der Präsi ist auch schon ganz grün im Gesicht. So geht das eine gute Stunde. Wir wollen Brägel gerade mit letzter Kraft in den Graben fahren, als der mit einem leisen »Pfffffft« und lautem Krachen der Mechanik aufs kleine Blatt schaltet. »Bist du blöde!«, faucht der Präsident, »willst du uns umbringen?« Brägel schüttelt nur den Kopf. »Nein«, japst er, »wir sind da – Mittagspause.«

Wir stehen staunend vor einer Art Mühle. Drinnen ist ein Tisch gedeckt, auf dem fette Bauernomeletts mit Kartoffeln dampfen. Dazu gibt es Bauernbrot, Aioli und kühlen Rosado. Brägel bestellt sich dazu noch Kaffee, Brandy und eine Cola. Von den geplanten 96 Kilometern haben wir knapp 45, aber der

alte Hans klappert jetzt schon vor Erschöpfung mit dem Kiefer. »Flamenco?«, fragt eine Bedienung. Wir lachen ein wenig, aber eigentlich sind wir viel zu kaputt für Spaß, und es geht schon auf 14 Uhr zu. »Kein Problem, Männer«, sagt Brägel, »die 35 Kilometer rollen fast von alleine.« Wir machen ihm klar, dass es noch 51 Kilometer bis ins Ziel sind, aber Brägel kontert. »35 Kilometer bis zur Kaffeepause.«

Keiner lacht, aber knapp zwei Stunden später rollen wir auf die Terrasse einer Weinhandlung mit Restauration. »Geheimtipp«, sagt Brägel, der zuletzt ruhig gefahren ist, sieht man von den kurzen, bösen Attacken an kleineren Wellen ab, deren Längen nur er kannte. Im »Geheimtipp« gibt es einen Art Eintopf mit geschätzten zwei Millionen Kalorien pro Löffel. Dazu Bauernbrot, Aioli und kühlen Rosado. Dem Präsident entweicht aus Versehen ein Bäuerchen, das ihn zum Single auf Lebenszeit machen würde, wäre er nicht schon verheiratet. Brägel trinkt noch einen Kaffee – ohne Brandy, dafür mit Fernet Branca. »Hey, was soll die Nummer?«, zische ich, aber er lächelt nur. »Man muss Arbeit und Genuss erfolgreich verbinden«, sagt er. 30 Minuten später steigen wir satt und angetrunken zum Finale auf. Die Sonne hat sich hinter dünnen Wolken verkrochen. Es ist kühl und auf der Straße steht Gegenwind. Am ersten Kreisverkehr tritt Brägel an – der Tacho zeigt 50. Das Loch ist nicht zu schließen. Statt ausrollen heißt es: Sprint.

Im Quartier sind wir fertig, stinken nach Alkohol und Knoblauch und haben Kopfweh von der Raserei. »In zwei Stunden gibt's Abendessen«, sagt Brägel gut gelaunt. So geht das noch vier Tage, bis wir wieder nach Hause fliegen – falsch trainiert, aber picobello ernährt. Und am Flughafen lüftet Brägel das Geheimnis. Während wir einchecken, winkt er uns zu. »Ich bleib' noch ein paar Tage. Bisschen mehr Kilometer, bisschen weniger essen. Bis dann.« ... Verbrecher!

Alter schützt ... vor gar nix

Mit den Jahren mal ein paar Tritte locker lassen? Uiuiui, ganz schwierig ...

»Nachlassen ist das Schlimmste«, sagte der ehemalige Radprofi Erik Zabel an seinem 30. Geburtstag im Jahre 2000 und schaute dabei so traurig wie ein hungriger Beagle vor dem leeren Futternapf. Danach ist er noch acht Jahre Rennen gefahren, und das nicht schlecht. Im Juli 2010 will Jens Voigt noch einmal die Tour de France unter die Räder nehmen. Im September wird er 39 Jahre alt. Und da gibt es noch den Herrn Armstrong aus Amerika, der die Tour in diesem Sommer sogar gewinnen will, was zumindest nicht ganz ausgeschlossen ist. Und der Texaner ist genau einen Tag jünger als »Vogte«. Warum das hier steht? Weil es eine Entwicklung ist, die dem Radclub mehr und mehr Sorgen macht. An Jahren sind die Herren Berufsfahrer gar nicht so weit entfernt von uns (den alten Hans ausgenommen). Aber während wir bei langen Steigungen mittlerweile oft auf 39x28 runterschalten, fahren diese Profi-Geronten noch die Tour im 40er-Schnitt. Zwar haben die mutmaßlich ganz andere Drogen in der Blutbahn als wir, aber trotzdem.

»Diese Leistungs-Opas sind langsam lästig«, faucht Brägel am Stammtisch und erzählt, dass er zu Hause Ärger bekommt, wenn er sich samstags nach dem Training mit Hinweis auf sein hohes Alter aufs Sofa fläzt, statt im Garten Erdbeeren zu harken oder Jan-Miguels Rad zu reparieren. Neulich habe er sich mit Hinweis auf Rückenschmerzen geweigert, den Römertopf aus dem oberen Küchenregal zu holen. Da habe Viola zu ihm gesagt: »Der Armstrong fährt klaglos die Tour und du liegst hier rum. Und das mit dem Topf, das schafft ja selbst Jopi Heesters locker.« Der alte Hans fragt, in welchem Team Heesters fahre, aber keiner hört zu. Ist schon wahr: Das Verlängern der Jugend bis Mitte 60 führt zu so manchem Problem. Während Menschen Anfang 50 früher in der Straßenbahn noch ein Sitzplatz angeboten wurde, musst du heute in diesem Alter Trondheim-Oslo unter 22 Stunden fahren, sonst hängen dich die 70-Jährigen ab. Bei der wöchentlichen Wampenschau in der Sauna muss man zweieinhalb Stunden die Luft anhalten – in einem Alter, über das man früher gesagt hätte: Ein Mann ohne Bauch ist ein Krüppel. »Und das Schlimmste ist«, sagt der Präsident, »meine Frau will, dass ich mir die Haare färbe.« Das sei ja das Wenigste, knarzt der alte Hans: »Sieht ja eh keiner.« Für den Gag gibt's ein Hefe hell von Brägel.

Das Problem aber bleibt – wollen wir wirklich noch zulegen, obwohl unser Haltbarkeitsdatum langsam abläuft, oder darf's dann auch mal etwas ruhiger sein? Brägel schlägt vor, künftig samstags in drei Leistungsgruppen zu fahren. Die sollen »Speed«, »Medium« und »Easy riding« heißen; das ist wohl Brägels Fortbildung neulich geschuldet, bei der selbst klare deutsche Worte durch englische ersetzt wurden, weil's besser soundet. Am Samstag scharen sich aber fast alle bei »Speed«. Bei »Medium« steht gar keiner, und bei »Easy Riding« nur der Präsident, der sagt, er möge kein blutiges Fleisch. Wir winken ihn zu uns und fahren los. Der Versuch ging völlig schief, gefahren wurde wie immer: link. Also so lange wie möglich an einem guten Hinterrad. Natürlich auch mit hinterhältigen Attacken und Treten bis zur Kotzgrenze am letzten Berg. Hinterher waren sich alle einig, dass man ja auch nicht freiwillig in eine schwache Gruppe gehen könne. »Wie sieht denn das aus«, sagt der alte Hans. »Genau das ist das Problem«, antwortet Brägel, »wenn nicht mal unser altes Wrack ruhiger fahren will, geht natürlich auch kein anderer hin.« Nach etwa zehnminütigem Tumult ist klar, dass wir noch lange nicht bereit sind, im Sattel unser Alter zu akzeptieren. Lieber tot als Zweiter – das gilt ewig.

Wenn das also nicht geht, müssen wir uns zumindest länger erholen, um annähernd altersgerecht Radsport zu treiben. Wir beschließen daher, die Trainingsrunden effektiv um fünf Kilometer durch eine Abkürzung zu kürzen, für die Berechnung des Schnitts belassen wir es aber bei der alten Streckenlänge. Dadurch erreichen wir den angestrebten Durchschnitt mit weniger Anstrengung. »Aber das ist doch Betrug«, mosert der Präsident. »Möglich«, sagt Brägel, »aber es macht ein gutes Gefühl

und überhaupt – was ist im Radsport schon sauber.« Da hat er auch wieder Recht. Wenn man bedenkt, wie granatenmäßig normalerweise bei den Jahreskilometern gelogen wird, ist das Schnitt-Tuning fast zu vernachlässigen. Zur weiteren altersgerechten Schonung beschließen wir außerdem noch, das dritte Kettenblatt zuzulassen. Die montägliche Gymnastik wird dafür in einen weiteren Stammtisch umgewandelt.

Damit sollten wir die nächsten zehn Jahre hinkommen. Kommenden Samstag wird wieder gefahren, bis die Herzklappe wummert. Der alte Hans ist schon heiß darauf, seine persönliche Antwort auf das »alte Wrack« zu geben.

... und nun zum Wetter

*Es gibt pulsgesteuertes Training, wattgesteuertes
Training, Training nach Gefühl –
und Brägel hat das wettergesteuerte Training eingeführt.
Erfolge lassen auf sich warten*

Manchmal ist das Internet ein Fluch. Besonders seit Brägel das Netz als Hilfsmittel für die Planung unserer Ausfahrten entdeckt hat. Dazu nutzt er Seiten, auf denen behauptet wird, der Betreiber wisse, wie das Wetter gerade ist und vor allem, wie es werden soll. Das mit dem Ist-Zustand mag sein, da muss man ja nur aus dem Fenster schauen; oder einen anrufen, der anderswo aus dem Fenster schaut. Aber eine Prognose über den Tag hinaus ist heikel – für mehr als 72 Stunden schiere Spekulation. Das wissen wir von Kachelmann (ja, genau von dem).

Brägel meint trotzdem, meteorologische Trainingssteuerung einführen zu müssen. So hat er neulich wegen des Vulkanausbruchs auf Island die Ausfahrt absagen wollen. »Warum?«, fragt der Präsident. »Wenn wir mit den Rädern durch die Aschewolke fahren«, nölt Brägel, »dann können wir Bronchienverstopfung bekommen, und unsere Velos werden auch noch sandgestrahlt.« Wir erklären dem Lapp, dass die Aschewolke nur hoch am Himmel ein Problem wäre und dass seine lumpigen 30 km/h niemals Sandstrahl-Effekte auslösen könnten; selbst dann nicht, wenn die Wolke direkt über dem Clubheim liegen würde. »So langsam, wie du fährst«, knarzt der Präsi, »würde die Asche nicht mal zu einem Schienbein-Peeling reichen.«

Das hat Brägel tatsächlich kapiert. Trotzdem hält er an wetteroptimiertem Training fest. »Ich habe mir am Ende meiner aktiven Karriere geschworen, nie mehr im Regen zu fahren«, sagt er. Wir wissen zwar nicht, von welcher Karriere er spricht, aber gut. Wenigstens scheint dieser Spleen ungefährlich. Vergangene Woche hat er aber unsere Samstagsausfahrt auf Freitagnachmittag vorgezogen. Wonnige 24 Grad, leichter Südwestwind, blauer Himmel, so seine netzgestützte Prognose. Kurz nach 17 Uhr begann es zu schütten wie aus Eimern, es hatte keine 20 Grad, dafür heftigsten Freitagsverkehr. Am Samstag meldeten sich dann vier Mitglieder von der kurzfristig angesetzten Trainingsrunde mit Schnupfen ab. Schade eigentlich, denn es war Traumwetter, obwohl Brägels Prognose »Gewitterstürme« versprochen hatte. Es stellte sich heraus, dass Brägel seine Vorhersage von der Homepage eines Allgäuer Druiden hatte, der gebührenpflichtig einen hundertjährigen Kalender führt, der angeblich immer stimme. Wir wollten dem Druiden ein paar Worte husten, aber auf unsere Beschwerde-Mail kam nur eine automatische Nachricht, dass der Druide zum Zwecke der inneren Einkehr bis Ende August in einem Hochtal der Pyrenäen wandern würde. Gott zum Gruß.

Nach dieser Pleite dachten wir, er sei geheilt, aber Brägel hat obendrein zwei »seriöse« (Brägel) Wetterdienste zusätzlich abonniert. Der eine wagt eine 21-Tage-Vorhersage, was schon mal nicht seriös sein kann. Sagt Kachelmann (ja, der). Sollte der Dienst aber Recht haben, versinkt Frankreich von Mitte Juli an in atlantischem Starkregen. Brägel will daraufhin schon unseren Ausflug zur Tour absagen, aber da hat er sich geschnitten. Der Meteodienst hat selbst beim Wetter vom nächsten Tag nur eine Trefferquote von 50 Prozent. »Das ist normal«, nölt Brägel, »das ist der kostenlose Bereich.« Aha. Und woher weiß das Wetter das?

Wir haben ihn dann irgendwann vom Online-Wetter weggebracht – aber nicht vom Internet. Sein neuestes Hobby ist es jetzt, kurz nach dem Training in sich hineinzuhorchen, ob ihm da etwas nicht geheuer sein könnte. Das gibt er dann bei Google ein, schreibt »Ursachen« dahinter und ist deprimiert. Nach der letzten Ausfahrt, bei der er wenig getrunken hatte, googelte er »brennende Zunge Ursachen« und ist sich sicher, dass er noch in diesem Jahr von einer heimtückischen Krankheit hinweggerafft werden wird. Brägel plant jetzt, ein Forum für Betroffene im Netz einzurichten. Ein Hypochonderforum brennender Zungen mit Brägel als Chef – das will keiner in diesem Sommer. Wir erzählen ihm also, dass sein Allgäuer Druide überraschend seine Wanderung abgebrochen und uns per Mail vor einem gewaltigen kosmischen Sonnensturm im Juli und August gewarnt habe. Eine unsichtbare Energiewolke rast auf uns zu, die bei Internetverbindungen im Haus Kurzwellenstrahlen produzieren könnte, die Schlimmeres bringen als Zungenbrennen.

Wir raten Brägel daher, bis Ende der Sommersaison vom Netz zu gehen. Wir hoffen, er tut es, sonst müssen wir seinen Router klauen. Für die Wetterprognosen haben wir uns jetzt übrigens einen Frosch gekauft, der im Clubheim in einem Glas sitzt. Schaut er gut gelaunt aus, gehen wir Rad fahren. Wenn nicht, auch.

Viel Rauch um nichts

Wenn es darum geht, die Clubkameraden abzuhängen, schreckt Brägel vor nichts zurück

Da sitzen wir alle brav nach dem Training im Clubheim, es gibt Spaghetti indifferente, Tellerschnitzel Hubertus oder Gummi-Kalamari mit fetter Sauce. Dazu trinken wir Hefe hell oder italienischen Roten aus der Bastpulle, dessen Literpreis parallel zum Heizöl notiert, und der auch so schmeckt. So weit, so gut. Und was macht Brägel? Wir sind gerade bei der taktischen Überlegung ob Espresso, Averna oder beides, als der Lapp ein silbernes Zigarettenetui aus der Tasche zieht, öffnet, eine Fluppe rausfingert und anzündet. Wir sitzen auf der Terrasse, insofern darf er das. Aber rauchen, bei uns im Radclub? Das gab's wirklich noch nie. Wir haben ja nicht mal Aschenbecher.

Dazu muss man wissen, dass viele Mitglieder in ihrer Jugend heftig gequarzt, es sich dann aber wegen nachlassender Leistung im Sattel mühsam abgewöhnt haben. Bei all denen genießen Raucher heute den Status einer hässlichen, fetten Kröte, eines Finanzhais oder Berufspolitikers. Kurzum: Wir finden Rauchen ekelhaft und Raucher sowieso. Und so sitzen wir jetzt alle da und wedeln entrüstet mit den Bierdeckeln, während Brägel den Rauch tief in die Lungen saugt und ohne zu husten wieder ausbläst. Da schau her, der Lapp ist das offensichtlich gewohnt. Eine Zeitlang sind wir einfach nur sprachlos, dann hustet der alte Hans entrüstet und knurrt: »Bist du bescheuert? Wir sind ein Sportclub, da wird nicht geraucht!« Brägel zieht noch einmal kräftig, bläst den Rauch Richtung Präsident und sagt: »Ihr habt ja keine Ahnung, Rauchen bringt's voll.« Dann zeigt er uns ein uraltes Foto aus dem Jahre 1903, auf dem der erste Tour-de-France-Sieger Maurice Garin mit Kippe unterm Schnauzer vor seinem Velo posiert. »Damals«, so Brägel, »haben die Ärzte den Radlern sogar geraten zu rauchen, weil das die Lunge frei macht.« Okay. Damals hat der Bader einem auch mit dem Hammer den großen Zeh blau geschlagen, wenn man mit Rückenschmerzen zu ihm kam. Der Zeh glühte dann dermaßen, dass man das Kreuz nicht mehr gespürt hat. Auch eine Therapie. Wir erklären Brägel, dass die Medizin in den vergangenen 107 Jahren doch das eine oder andere Neue herausgefunden habe, und dass Rauchen die Lunge nie und nimmer frei mache.

Brägel hat aber schon das nächste Foto parat. Es zeigt einen nepalesischen Sherpa mit Kippe im Mund in einem Himalaya-Basislager auf über 6000 Metern Höhe. Daneben steht ein Bergsteiger mit Sauerstoffmaske. »Schaut genau hin«, sagt er, »wäre Rauchen schädlich, würde er das nicht überleben.« Wir vermuten hinter dem Bild eine Montage, aber eigentlich ist das egal. »Rauchen gehört nicht zum Radfahren. Punkt«, sagt der Präsi, aber Brägel fingert schon wieder eine Kippe aus dem Etui und erklärt, dass Zigaretten zudem schmeckten und als Appetitzügler eine gute Figur machten. »Klar, wenn du ganz dünn im Sarg liegst, sieht das vielleicht echt gut aus«, ätzt der alte Hans, aber Brägel lächelt nur und geht im leichten Marlboro-Reiter-Gang nach Hause.

Was das wieder soll? »Vielleicht will er ja Cowboy werden, Kaffee aus Blechkannen trinken und cool sein«, vermutet der Präsident. Beim Training fährt er teigig bis ordentlich, wie immer also. Ich soll rauskriegen, warum Brägel plötzlich qualmt. Ein Anruf bei Brägels Gattin Viola ergibt, dass ihr Mann noch nie in ihrer

Gegenwart geraucht habe und dass sie sich Brägel mit Fluppe auch nicht vorstellen könnte. Niemals. Beim nächsten Stammtisch raucht der Kerl aber schon wieder, und weil es regnet und wir nicht draußen sitzen, sogar allein vor der Tür. Dann zählt er Namen erfolgreicher Raucher im Sport auf. »Fast alles Fußballprofis«, sagt er, »und dazu Mario Cipollini.« Das habe er vor Jahren beim Paarzeitfahren in Karlsruhe selber gesehen. Cipo stand vor dem Start am Teamwagen und rauchte. Wir erklären ihm, dass der Italiener da nur an der Gage und nicht am Rennen interessiert war, weil es ja hirnrissig wäre, sich mit Rauchen die Sauerstoffaufnahmefähigkeit des Bluts zu versauen, wo Profisportler doch allerlei Blutpanschereien anstellen, um genau den gegenteiligen Effekt zu erzielen.

Brägel bleibt stur. Langsam nervt die Quarzerei – auch weil einige der Ex-Süchtigen schon ganz gierig schauen. Jetzt geht's um die Volksgesundheit: Wir müssen deutlicher werden. Ich nehme Brägel ins Gebet, dass er am Ende seit Jahrzehnten entwöhnte Raucher wieder anfixt. Das will er dann doch nicht – und rückt langsam mit der Sprache raus. Der Lapp hat demnächst einen Lungenfunktionstest wegen des Verdachts auf Stressasthma. »Den will ich bestehen, verstehst du«, sagt er. Ich verstehe nichts. »Also ich rauche, damit meine Bronchien ein wenig verkleben und ich Asthma vortäuschen kann, dann bekomme ich das Rezept.« Ich verstehe immer noch nicht. »Ganz einfach: Asthmatiker bekommen ein Spray für den Notfall! Das Zeug ist ein prima Dopingmittel. Was glaubst du, warum jeder fünfte Radprofi Asthmatiker ist? Wenn ich das Spray habe, höre ich sofort auf zu rauchen und fahre euch an die Wand.« Der Kerl wird nie erwachsen.

Camping deluxe

Brägel macht Urlaub –
aber diesmal endlich ganz anders als sonst

Brägel hat genug von »den ganzen Konventionen«, wie er sagt. Deswegen möchte er nicht mehr wie jedes Jahr im Spätsommer zwei Wochen in ein Hotel ans Meer, sondern »Erlebnisurlaub mit Bildung« (Brägel) machen. Und natürlich dabei Rad fahren. Deshalb hat sich der Lapp ein Wohnmobil gemietet, um mit der Familie nach Griechenland zu reisen. Das Ding kostet am Tag so viel wie die Präsidentensuite in einem Pariser Luxushotel pro Woche und hat die Größe und Form eines freistehenden Einfamilienhauses. Brägel ist natürlich mächtig stolz auf seinen Schützenpanzer und packt für sich, Viola, Louise und Jan-Miguel die Rennräder in die systemeigene Radgarage im Heck. Der Hund darf auch mit, für ihn gibt es im hinteren Teil ein eigenes Kabuff mit einem roten Plastikhydranten als Pinkelmarke in der Mitte. Das Ding hat sogar eine eigene Absauganlage. Dummerweise ist Dertutnix aber eigentlich eine Dietutnix, die keine markanten Pinkelpunkte braucht. Aber daran kann man kurz vor Abfahrt auch nichts ändern. Die Fahrt verläuft zunächst nahezu komplikationsfrei. Nahezu. Im Hafen von Ancona erklärt man ihm, dass sein Wohnmobil auf ein Lkw-Deck muss, was ungefähr so viel Aufpreis kostet wie ein Business-Class-Flug nach Singapur. An Bord beginnt dann der erste Teil des »Erlebnisurlaubs«, denn Brägel hat vergessen, Kabinen für die Nachtfahrt übers Meer zu mieten. Die Familie schläft also in einer Art Kino auf Stühlen. Es riecht in dem Raum ein wenig nach schlecht gelüfteter Turnhalle, Diesel und nassem Hund. Im Hafen von Igoumenitsa wird Brägel kurz euphorisch, weil er mit dem dicken Ding als einer der ersten von Bord darf. Danach geht es ins Landesinnere, in Richtung Meteora-Klöster. Wenn die Brägels durch Ortschaften wummern, gibt es immer ein großes Hallo. Die Menschen zeigen mit Fingern auf sie, manche bekreuzigen sich. Viele Kinder lachen, andere haben Angst. Der Besuch der Klöster verläuft fast reibungslos, bis auf die Tatsache, dass die Kinder keine Lust haben, der Hund nicht mitdarf, und auch Viola bei der Gluthitze lieber baden möchte.

Brägel fügt sich, und die Familie schlägt auf einem hübschen Campingplatz unterhalb des Olymp am Meer auf. Für den Wohnpanzer berechnet der ölige Campingchef gleich zwei Stellplätze. Dafür geht auf dem Platz immer das Licht aus, wenn Brägel die Klimaanlage hochfährt. Hunde müssen an die Leine, und der Platz liegt neben einer ehemaligen Deponie, die heute noch Moskitos ausspuckt, deren Stiche sich eitrig entzünden. Aber der Strand ist schön. Brägel beschließt für den kommenden Tag eine Radausfahrt mit der Familie, kann aber den Schlüssel für die Radgarage nicht finden. Der Platzchef hilft und flext das Schloss ab. Jetzt muss die Garage für den Rest der Reise mit Klebeband zugehalten werden. Aber egal. Brägels fahren bei 38 Grad eine Uferstraße entlang, auf der fette Laster Richtung Süden brettern, die die Autobahnmaut sparen wollen. Nach 15 Kilometern biegen sie ab ins Landesinnere. Es wird ruhig, grün, hübsch – allerdings beißt ein frei herumlaufender Hofhund Jan-Miguel. Rückzug.

Zwei Tage später mahnt Brägel zum Aufbruch – man wolle sich ja schließlich noch was anschauen. Die Familie murrt, man hat sich gerade an den Strand gewöhnt. Nach vier Stunden Aufräumarbeit ist das Wohnmobil fahrbereit. Die Räder werden jetzt allerdings in der Küche festgezurrt, weil die Garage nicht mehr verschließbar ist. Brägel will nach Olympia, Korinth, Mykene und Epidauros, der Rest an einen Strand mit Jetski, Eiskaffee und Schnorchelriff. Aber erst kommen sie nur einen Kilometer weit, weil Viola vergessen hat, den Küchenschrank zu verriegeln und das Innere des Wohnpanzers in einer Mischung aus Ketchup, Marmelade und Olivenöl versinkt. Der Hund findet es gut, aber der hat ja auch Urlaub.

Brägel gibt auf. Nach einem Kurzbesuch im antiken Theater von Epidauros geht's direkt ans Meer. Toller Campingplatz, alles prima. Nach zwei Stunden ist das Wohnmobil installiert. Alle sind glücklich, selbst Brägel, der jetzt doch noch ein wenig aufs Rad kommt, weil er den Motorroller nicht mitgenommen hat, obwohl der im Mietpreis inbegriffen war. Jetzt fährt er täglich mindestens 25 Kilometer zum Supermarkt und zurück. Manchmal auch zweimal. Später zu Hause hat er nachgerechnet, dass er für die Kohle auch locker in ein Nobelhotel hätte fliegen und sich mit dem Taxi zu den historischen Stätten hätte fahren lassen können. Im nächsten Jahr will er zu »den guten alten Konventionen« zurückkehren und die nächsten Wochen hart trainieren. Schließlich fehlen ihm im Vergleich zu einem normalen Urlaub 300 Kilometer auf dem Tacho. Mindestens!

PA34SY678GPZ – Liebe im Netz

Strohwitwer Brägel streunt durchs Internet. Das hat Folgen!

Die Welt ist so einfach geworden. Bevor der moderne Mensch sein Gehirn einschaltet, fährt er lieber den Computer hoch und startet eine Suchmaschine (wir sagen jetzt nicht, welche). Die erklärt einem dann beispielsweise den Unterschied zwischen Biomilch und Magerquark, ob 1493 Rudolf der Große einen Vorläufer des Kondoms aus gekochtem Schafsdarm erfunden hat (hat er nicht), oder ob ein leichtes Ziehen im Oberbauch ein erstes Anzeichen für baldiges Siechtum ist (möglicherweise). Natürlich wird auch das Fahrrad verbal seziert. Und da kommt Brägel ins Spiel. Der surft zurzeit stundenlang im kostenlosen Service einer Single-Börse, weil seine Gattin zu einer Frauen-Wanderreise nach Ägypten aufgebrochen ist und er »nur mal gucken« wollte, was da so geht. Und da blieb es nicht aus, dass sich der Lapp in den Weiten der virtuellen Welt auch mal bei Google (ups, jetzt haben wir es doch gesagt) verirrt hat und das Wort Fahrradfahren eingab. Leider.

Beim nächsten Stammtisch gibt er Folgendes zum Besten: »Jungs, wisst ihr, dass das Fahrrad den Boden an zwei Stellen berührt – den Aufstandsflächen der Reifen?« Alle Wetter, da wären wir nie drauf gekommen. »Wo hast du denn die revolutionäre Erkenntnis her?«, ätzt der Präsident, »außerdem sind es bei dir vier Stellen, du hast die Stützräder vergessen.« Wir lachen ein bisschen, aber Brägel sagt nur »Wikipedia« und strahlt. »Vickys

Baby ist da?«, nölt der alte Hans. »Wer ist Vicky?« Wir hören aber nicht so genau zu, weil Brägel schon ansetzt und uns erklärt, dass sich das Rad in einem »labilen Gleichgewicht« befände. »Trotzdem ist das Fahrradfahren auch einem Menschen möglich, der nur eine durchschnittliche Fähigkeit hat, sich beziehungsweise das System, dessen Teil er ist, auszubalancieren«, zitiert Brägel das Netz und strahlt. Ich denke, dass nach dieser Definition Brägel nach dem dritten Hefe hell eher nicht mehr nach Hause radeln sollte, sage aber nichts, weil der Lapp uns klar macht, dass wir unseren Sport künftig ein wenig analytischer angehen sollten. Himmel hilf.

»Habt ihr euch überhaupt schon mal Gedanken über das Kurvenfahren gemacht?«, fragt er. Haben wir, besonders wenn

Brägel mitfährt, weil man dann immer aufpassen muss, dass er einen nicht ummäht. Aber das will er nicht hören. In Worten, die kaum einer versteht, erklärt er: Um nach rechts zu fahren, muss man den Lenker erst ganz leicht nach links drehen, damit das Rad auf die gewünschte Seite kippt. Ich bezweifle zwar, dass ich so fahre, aber wenn es im Netz steht, dann wird es schon so sein. Aber eigentlich ist das auch völlig egal. Die Erkenntnis, dass vor engen Kurven und auf schmierigen, schotterigen oder glatten Bodenbelägen ein Abbremsen notwendig ist, weil die Reibung sonst nicht ausreicht, eine der Fliehkraft betragsgleiche Zentripetalkraft aufzubringen, haut einen auch nicht um. Auf Deutsch heißt das nämlich einfach: Achtung, Rutschgefahr!

Wir hoffen auf baldige Rückkehr von Gattin Viola, aber bis dahin müssen wir Brägels neue Netzgläubigkeit hinnehmen. Der Kerl kauft sich mittlerweile nicht mal mehr Steaksoße, ohne vorher stundenlang Vergleichstests gelesen zu haben. Dank seiner Surferei wissen wir nun auch, dass man aus normalem Feinwaschmittel Sprengstoff herstellen kann, und dass es ein kleines Wunder ist, dass wir jeden Morgen überhaupt lebend aus dem Bett kommen, da wir ständig von unglaublichen Krankheiten mit unaussprechlichen Namen bedroht sind. Brägels neuestes Hobby ist nämlich, seinen baldigen Abgang von diesem Planeten zu prophezeien. Neulich hat er bei Google (oh, schon wieder) »leichte Blähungen« eingegeben und ist sich jetzt sicher, Darmkrebs im Endstadium zu haben. Ganz sicher. Dummerweise können wir ihm nicht das Gegenteil beweisen. Also müssen wir auch seine jüngste Marotte aushalten, zwölfmal am Tag die Wetterprognose anzuklicken und mindestens ebenso oft die Börsenkurse, obwohl er gar keine Aktien mehr hat. Und zu allem Überfluss diskutiert er jetzt auch noch in allerlei Foren zum Beispiel über das Für und Wider von Steckschutzblechen, wobei er uns dann immer Kopien mailt, die in einer fürchterlichen Sprache verfasst sind und abscheuliche Wörter wie »achselzuck« »grins« oder »würg« enthalten.

Es wird wirklich Zeit, dass Brägels Frau aus dem Urlaub kommt. Zumal er sich mit PA34SY678GPZ in seiner Single-Börse angefreundet hat. PA34SY678GPZ findet Brägel »süß«, was wohl der endgültige Beweis dafür ist, dass im Internet einiges schiefläuft. Irgendwann will er sich aber mit PA34SY678GPZ treffen. »Dann fahren wir eine Runde Fietse«, sagt Brägel am Stammtisch. Wir schweigen. Er erklärt: »Fietse sind im Plattdeutschen lokale Bezeichnungen für Fahrräder, in Münster in Westfalen heißen sie Leeze.« Diese Weisheit hat er natürlich auch von Vickys Baby, und wir haben langsam genug. Aber es gibt Hoffung: Unter »Hefe hell« gibt es keinen salbungsvollen Quatsch im Netz. Wenigstens das. Grins.

Sehnsucht nach Leberkäs

Es gibt nichts, was Brägel nicht ausprobiert. Ein Besuch in einer Diätklinik

Brägel hat eine Festgeldanlage zurückbezahlt bekommen. Mit Zins und Zinseszins. Das ist im Prinzip nicht schlimm, im Gegenteil. Wir machen uns Hoffnungen auf die eine oder andere Extrarunde Hefe hell. Aber der Lapp will sich erst einmal absetzen. Da er zuletzt etwas formschwach unterwegs war und unter plötzlichen Schlafstörungen litt, will er sich von seinem Zinsgewinn »zwei Wochen Privatklinik mit Revitalisierungskur gönnen«, wie er am Stammtisch sagt. Der alte Hans hatte ihm zwar erklärt, dass jeder Schlafstörungen bekommt, der abends anderthalb Liter Bier in sich reinschüttet, weil das schließlich irgendwann wieder raus muss. Brägel winkte aber nur müde ab und ist nun vor fünf Tagen in das »Sanatorium Dr. Dr. Quirin Grunzmichl« ins Bayerische aufgebrochen. Wir werden ihn am Wochenende besuchen.

Es ist gar nicht so einfach, das Sanatorium zu finden. Eine schmale Straße windet sich vom Tal durch einen Wald hinauf bis zu einem großen, undurchsichtigen Stahltor mit Sprechanlage. Der Präsident meldet uns an, das Tor öffnet sich. Plötzlich steht ein älterer Herr vor uns und fragt mit wirrem Blick, ob wir vielleicht eine Wurstsemmel für ihn hätten, oder ein Paar Landjäger oder wenigstens eine Brezel. Der alte Hans will ihm gerade ein Stück von seinem Leberkäs-Weck schenken, als eine weiß gekleidete Frau aus dem Unterholz bricht und den Herrn sanft, aber bestimmt wegschiebt. Wir hören noch ein »Aber, aber Herr Direktor, jetzt geht es doch erst mal zum Malkurs und dann gibt es Brühe, gell«, dann sind sie weg.

Brägel empfängt uns auf der Terrasse der Klinik, die eher einem Schloss ähnelt. Er trägt ein weißes Shirt mit der Aufschrift »Hin zum Licht«, und am Handgelenk ein rotes und ein gelbes Bändchen. »Toll«, sagt der Präsi, »all inclusive, was?« Brägel winkt ab. Gelb heißt, dass er 1500 Kalorien am Tag bekommt, und Rot, dass er beim täglichen Einlauf zwischen Kamille und Fenchel wählen darf. Wir fragen Brägel, was das lila Bändchen bedeutet, das wir bei dem älteren Herren gesehen haben. »Heilfasten, Wassergüsse morgens um fünf, Gesprächskreis und therapeutisches Malen«, sagt Brägel, was einiges erklärt. Der alte Hans ist gerührt und gibt Brägel das restliche Stück Leberkäs mit der Bitte, es dem armen Direktor zu geben. Brägel nickt, sein Blick sagt aber, dass er es wohl selbst verschlingen wird.

Brägel sieht ein wenig unglücklich aus, erzählt uns aber voller Euphorie von Thymuskuren, Kräutereinläufen, von orthomolekularer Substitution und Schleimhaut-Sanierung. »Gibt es hier Hefe hell?«, fragt der alte Hans. »Ja, aber ohne Alkohol.« Wir bestellen eine Runde, aber das drückt schon leicht auf die Stimmung. In zwei Tagen wird Brägel Freigänger, dann darf er die Klinik stundenweise zum Radtraining verlassen. Die ersten zwei Tage in Begleitung, dann sogar allein. »Das ist ja wie im Knast«, sagt der Präsident. »Nein«, kontert Brägel, »alles freiwillig. Wer die Klinik als Motivationshilfe nicht verlassen will, muss das sogar extra buchen ...« Brägels restliche Worte gehen im Lärm eines Hubschraubers unter, der direkt über uns ein Päckchen abwirft, das an einem kleinen Fallschirm zu Boden segelt. Der Direktor rast mit ausgebreiteten Armen heran, aber bevor er das Päckchen fangen kann, wird er von einem Gärtner sauber abgegrätscht. Brägel lächelt. »Das geht fast jeden Tag so. Der Kerl zahlt Tausende für Sonderbewachung, Postverbot und Einzelzelle«, sagt Brägel und erklärt: »Der will eine Woche nichts essen und hat Probleme mit der Disziplin.«

Brägel nicht – sagt er und erklärt uns seinen Tagesplan. Sechs Uhr wecken, dann Yoga mit Frau Marianne, danach einen Einlauf. Nach dem Frühstück gibt es eine Frischzelleninjektion, und danach geht's in die Sauna. »Mit Frau Marianne?«, fragt der alte Hans, aber Brägel berichtet weiter. Nach dem Rohkost-Mittagessen wird geschlafen, danach Fitness-Studio und Massage, später eine Tasse 19-Kräuter-Tee. Vor dem Abendessen trifft man sich zu Gesprächskreisen. »Die meisten gehen in den Kurs: Diskrete Hilfe bei der erektilen Dysfunktion des Mannes – ich natürlich nicht«, sagt Brägel. Bevor der alte Hans fragen kann, ob das

ein Problem von Campa, SRAM oder Shimano sei, bestellen wir eine Runde Kaffee, der aussieht wie 19-Kräuter-Tee; und auch so schmeckt.

Zwei Wochen später ist Brägel wieder zu Hause. Er sieht ganz gut aus und fährt nur unwesentlich langsamer als vorher. Wieder zwei Wochen später ist die Kur verdaut. Unterm Trikot spannt sanft die Wampe, er ordert Hefe statt Tee und lacht auch mal wieder. Uns würde noch interessieren, was aus dem Direktor geworden ist. Als wir damals die Klinik verließen, wurde er gerade von zwei Wärtern mit Dobermännern gestellt und abgeführt. Er hatte versucht, sich mit einem Kaffeelöffel unterm Zaun durchzubuddeln.

Quer-Treiber

Winterzeit, Saisonende? Von wegen.
Brägel zieht's ins Gelände – und alle müssen mit

Leider, leider, es ist wieder so weit. Die Tage sind nasskalt und kurz, wir sitzen ab 18 Uhr mit gelockertem Gürtel am Kamin und starren mäßig gelaunt auf unsere Waden, die bleich und haarig auf dem Kanapee liegen. Die jährliche Frühwinter-Depression wird noch verstärkt durch den Blick auf den Tacho, der nur zwei Drittel der Kilometer anzeigt, die geplant waren. Und jetzt kommen noch vier Wochen Dauerangriff auf die mühsam gepflegte Figur – bei Weihnachtsfeiern, -märkten und Frustessen, die Heiligabend im finalen kulinarischen Absturz enden. Nach dem zweiten Weihnachtsfeiertag sind wir dann formmäßig wieder genau da, wo wir eigentlich nie wieder hinwollten. 150 Watt tun weh, bei 200 sehen wir Sterne vor den Augen, die aber nicht aus Zimt sind.

Böse Zeiten. Nur Brägel ist seltsam aufgeräumt: »Ich fahr jetzt Cross«, sagt er und strahlt. Brägel hat sich tatsächlich einen Cross-Renner gekauft, spezielle Klamotten, Licht und einen neuen Helm. Jetzt dreht er abends Runden auf einem ehemaligen Trimm-Dich-Pfad, den die Gemeinde vor 30 Jahren angelegt und inzwischen längst vergessen hat. »Frühform, Leute«, sagt er, »wenn ihr am 1. Januar fett und schwach den Tacho auf Null stellt, habe ich schon 500 Kilometer in den Beinen.« Der Präsident erklärt Brägel zwar, dass es laut Paragraph 21, Absatz 4 der Clubsatzung verboten ist, den Tacho vor dem 1. Januar zu nullen, aber das lässt den Lapp kalt. Uns bleibt nichts anderes übrig, als das vergessene Drittrad aus dem Keller zu holen, Crossreifen zu ordern, die Bremsen aufzubiegen und mitzumachen.

Wir treffen uns Mittwoch um kurz nach fünf auf dem stockdunklen Waldparkplatz. Ein Bild des Schreckens: Der Präsi sitzt auf einem geschätzt 30 Jahre alten Stahlross mit Käfigpedalen und 12-Gang-Rahmenschaltung von Sachs, die Bremsgummis hart wie vier Wochen altes Brot. Nur die neuen Reifen glänzen mattschwarz unter den Schutzblechen. Bei den anderen geht's ähnlich museal zu. Der alte Hans trägt ein Wolltrikot aus der Zeit, als Toursieger noch Louison Bobet oder Charly Gaul hießen, auf seinem Kopf thront eine Wollmütze mit Bommel. Licht hat nur Brägel, der auch als Einziger bunte Funktionsklamotten trägt und auf einem modernen Crosser sitzt.

Wir fahren leicht fröstelnd in Zweierreihe los. Nach 300 Metern der erste Massensturz – über dem Weg liegt quer ein morscher Baum. Brägel will den als Hindernis nutzen, zum Absteigen, Rad schultern, Drüberhüpfen, Weiterfahren – doch als der Lapp abrupt bremst und der Präsi nicht rechtzeitig aus dem Pedal kommt, knallt es im Peloton. Der alte Hans dreht fluchend und mit einer Platzwunde an der Stirn um. Wir rollen weiter leicht bergab. Es fängt gerade an, ein bisschen Spaß zu machen, als Brägel die Hand hebt und ruft: »Achtung, Steigung, kleiner Gang.« Wenigstens warnt er jetzt. Der Weg knickt scharf nach links und steigt wie eine Schanze in den Nachthimmel. Wir lesen »Station 7, Berglauf« und würgen krachend die Kette auf leicht. Brägel kurbelt vorne auf dem dritten Kettenblatt und hinten auf einem Kuchenteller-Ritzel, wir haben maximal 42 x 26 und müssen aus dem Sattel. Vier Tritte greifen die Stollenreifen, dann müssen wir mit dem Oberkörper weit nach vorne, um überhaupt noch irgendwie die Kurbel rumzukriegen. Das geht

natürlich nicht. Entweder dreht das Hinterrad durch oder die Kraft reicht nicht. Wir fallen um wie die Profis im Rennstau an der Kapelmuur von Geraardsbergen, wobei das hier mindestens so steil ist. Und matschig.

Brägel steht 200 Meter weiter oben, beleuchtet uns den Weg und lacht. »Locker bleiben!«, ruft der Lapp. Wir können den Präsi nur mit Mühe davon abhalten, ihm an die Wäsche zu gehen. Der Rest der Runde läuft bis auf ein paar harmlose Stürze auf dem feucht-schmierigen Waldboden halbwegs entspannt. Zur nächsten Runde begleiten Brägel nur noch zwei Unerschrockene, die aber immerhin Räder aus Zeiten haben, als die DDR nicht mehr existierte. Das Fazit am Stammtisch ist schnell gezogen: Cross könnte schon toll sein – wenn das Material stimmt. Wenn wir also Brägel keinen Formvorsprung gestatten wollen, was selbstverständlich ist, müssen wir aufrüsten oder wenigstens das ungeliebte Mountainbike nehmen. Die meisten von uns sparen aber lieber am Weihnachtsgeschenk für die Frau und rüsten zur Freude unseres Radhändlers mächtig auf. Nur Brägel spielt wieder mal nicht mit. Zwei Wochen später haben wir ihn gerade an der Waldmuur sauber abgehängt, da erklärt er, künftig wieder zum Spinning ins Studio zu gehen. Das sei besser für die Grundlage, rhythmischer und auch nicht so kalt, dunkel und nass. Eines Tages bring' ich ihn um.

Offener Brief

Der Radclub macht mobil – und erlässt Regeln für Brägel. Ob das gut geht?

Brägel hat sich in den Skiurlaub verabschiedet. Das ist natürlich auszuhalten, allerdings fehlt er uns am Stammtisch, weil wir zurzeit alles selbst bezahlen müssen. Dafür ist es ruhiger, weil uns der Lapp nicht alle naslang mit seinen seltsamen Ideen nerven kann. Und damit das so bleibt, beschließen wir auf Initiative des Präsidenten, einen Brief an Brägel zu schreiben. Darin listen wir ihm eine Art Fahrplan für die nächste Saison auf, an den er sich zu halten hat. Den Brief soll er am ersten Stammtisch bekommen, nachdem er wieder da ist. Wir trinken noch ein Hefe hell, dann schreiben wir:

Lieber Brägel,

schön, dass Du wieder da bist. Während Du das liest, bestellt der alte Hans eine Runde auf Deine Rechnung – es sei denn, Du hebst jetzt die Hand. Nicht? Gut, also Prost. Wir möchten Dich herzlich bitten, im nächsten Radjahr folgende Dinge zu beachten:

1. *Radpflege: Wir werden Dir künftig nicht mehr helfen, wenn Du mit Deinem Panzer-Hochdruckreiniger den Umwerfer vom Rahmen schießt oder Speichen knickst. Es wäre auch besser, die alte Flasche Terpentin endlich wegzuwerfen, bevor Du wieder die*

Bremsgummis damit einreibst, damit sie schön glänzen. Und hoffentlich hast Du nicht vergessen, dass es Dich vergangenen Sommer sauber auf den Asphalt gehauen hat, weil Du Dein Lenkerband mit einer Lasur für Holztische zum Glänzen gebracht hast. Sah gut aus, war aber ziemlich rutschig. Also: Radpflege nur mit geeigneten Mitteln aus dem Fachhandel, die zudem biologisch abbaubar sein sollten.

2. Ernährungswahn: Verschone uns nächstes Jahr mit Deinen Diätideen. Wir haben gehört, dass Du seit einiger Zeit mit einer sehr dunklen Brille rumläufst, weil Du in TOUR gelesen hast, dass Mäuse, denen man die Dunkelheit entzieht, mehr fressen und fetter sind als die anderen. Lieber Brägel, du bist keine Maus, und nur weil du jetzt eine Schweißerbrille trägst, wirst Du auch nicht schlanker.

3. Trainingssteuerung: Bitte sage uns nicht dauernd, wann wir locker oder volle Lotte zu treten haben. Deine Ansagen haben wenig mit Trainingslehre und viel mit Deiner Form zu tun. Wenn Du gute Beine hast, fahren wir Mitte Februar Bergsprints, wenn Du teigig trittst, im Juli Grundlage. Also: Nächstes Jahr fährt jeder so, wie es ihm passt.

4. Rad-Etikette: Wir möchten noch einmal darauf hinweisen, dass manche von uns auch weiterhin keine weißen Radschuhe möchten und auch nicht über die Gründe dieser Entscheidung diskutieren wollen. Wenn Du selbst aber weiter wie Bettini im Swinger-Club aussehen möchtest – bitte. Wir nicht, zumindest nicht alle. Der alte Hans würde Deine weißen Schuhe aber nehmen, falls Du wieder schwarze kaufst.

5. Tacho-Tuning: Wir wissen seit 2001, dass es Dir gelungen ist, die Geheimnisse der Reset-Taste Deines Radcomputers zu entschlüsseln. Seither stellst Du die Jahreskilometer gern mal nach, damit's besser aussieht. Wir haben uns entschlossen, Dir zu sagen, dass wir a) Dein schamloses Treiben durchschauen und b) wir es selbst auch tun. Und zwar schon viel länger als Du.

6. Körperpflege: Versuche nie mehr, uns für das Massageöl zu begeistern, das Du angeblich aus einem Hochtal des Himalaja importierst. Das Zeug ist klebrig, teuer, zieht Mücken an und riecht, als würde man die Fladen einer magenkranken Kuh auf heißem Stein rösten. Da Du im Training meist weit hinten fährst, darfst Du gerne stinken wie ein Muli. Aber lass uns damit in Ruhe.

Und noch was: Wenn Du Dir künftig die Beine rasierst, dann nimm wenigstens eine Klinge, die nicht schon zum Marschgepäck Deines Uropas im Ersten Weltkrieg gehörte. Einige von uns können kein Blut sehen. Das war's schon. Nix für ungut und Prost,

Dein Radclub.

Wir sind zufrieden – in zwei Wochen bekommt er das Papier. Doch was schreiben wir ihm nächstes Jahr, wenn er sich daran hält?

Macker im Acker

Sinnloses Spielzeug für große Jungs – davor ist auch Brägel nicht gefeit …

Radfahrer sind meistens auch Autofahrer, was umgekehrt nicht unbedingt gilt. Trotzdem fragen wir uns im Radclub manchmal, was für ein Auto eigentlich zu einem engagierten Radler passt? Brägel hat diese Frage für sich schon vor Jahren beantwortet und fährt seither zitronengelbe Zweisitzer. Daran hält er auch als Familienvater fest, gönnt Viola und den Kindern aber einen 16 Jahre alten VW Golf. Zur Ehrenrettung muss man anmerken, dass er für Urlaubsfahrten eine verkehrssichere Großraumlimousine mietet.

Wir haben uns daher gewundert, als er neulich mit einer Art zivilem Panzer zum Stammtisch kam: 295er-Reifen, 300 PS, Phallus-Auspuff, Edelstahl-Trittbretter, verspiegelte Scheiben. »Das ist ein SUV«, sagt er. »Wer isst zu viel«? fragt der alte Hans, aber keiner hört zu. Brägel erklärt, dass die Karre ideal für Radfahrer sei, weil man hinten zwei Renner einladen könne und nur die Vorderräder rausnehmen müsse.

Wir erklären ihm, dass dies auch mit einem normalen Van gehe und es dazu keinen tonnenschweren Koloss braucht, der bisher nur als Statussymbol für magersüchtige Anwaltsgattinen aufgefallen ist. Die belegen am Supermarkt zwei Stellplätze, weil sie den Brummer nicht einparken können. Dann verstauen sie im Gepäckraum 200 Gramm handmassiertes Filet vom Kobe-Rind, eine Schale Sushi für den Hund und das neueste Heft von

»Schöner thronen«. Und dann sind sie froh, wenn sie die kleine Tüte im Stauraum wiederfinden.

»Quatsch«, sagt Brägel, »ich kann mit dem Auto auch ins Gelände.« Okay, Deutschlands Straßen haben im Winter gelitten, aber für die paar Schlaglöcher braucht es keinen Allrad mit Niveauregulierung. Und Brägel verdient sein Geld weder als Förster noch als Bergwerks-Ingenieur. Wir vermuten chronische Erektionsprobleme, sagen aber nichts, um die nächste Runde Hefe hell nicht zu gefährden. »Außerdem sitzt man höher und sieht besser«, nölt Brägel. »Wie wär's«, kontert der Präsident, »wenn du ein Kissen für dein Cabrio kaufst?« Brägel winkt ab.

Beim Treff zur nächsten Trainingsrunde erscheint Brägel mit seinem Panzer, der aussieht, als hätte er ihn in einem Schweinekoben gewendet. »Ich bin einen kleinen Umweg durch den Wald gefahren«, erklärt er. Als wir zum Parkplatz zurückkommen, steckt ein Zettel hinter dem Scheibenwischer, dass er sich bei der Polizei melden soll. Machen wir's kurz: Fahren auf gesperrten Wegen plus Gefährdung von Spaziergängern macht 150 Euro und zwei Punkte. Dazu hat einer der Ledersitze im Heck zwei kleine Löcher, weil sein Rad hin und her geworfen wurde.

Wir vermuten, es war das Kettenblatt. Eine Woche später fehlt an der Karre der rechte Außenspiegel, den Viola im Parkhaus an einer Säule abgestreift hat. Kosten für den neuen nebst Stellmotor: 529 Euro. Außerdem riecht es innen neuerdings ein wenig säuerlich, weil Familienhund Dertutnix kotzen musste, als Brägel durch ein Bachbett schepperte. Dafür haben sie ihm an der Tankstelle eine goldene Kundenkarte angeboten, weil er jetzt zweimal in der Woche 80 Liter Superplus zapft. »Und ich bekomme zwei Prozent Rabatt«, sagt er. Wow.

Wir bleiben dabei, dass das ideale Auto für Radler ein Kombi oder ein Van ist, was Brägel aber nicht beeindruckt. »Im Sommer bei der Tour parke ich das Ding am Galibier an einer Stelle, an die niemand sonst hinkommt und man fünf Kilometer Rennen sieht«, sagt er strahlend. Okay, wenigstens das. Die Frage ist allerdings, wer im Juli die Karre nach Frankreich fahren soll. Seit zwei Tagen ist Brägel nämlich den Führerschein los. Der Lapp hat im Stau die Autobahn verlassen, einfach über die Leitplanke und durch einen Acker – und direkt in die Arme einer Streife. Wie lange das Fahrverbot gilt, weiß er noch nicht. Aber wir machen uns ernsthafte Sorgen wegen Brägels Form. Nachdem er jetzt jeden Meter mit dem Rad fahren muss, befürchten wir beängstigende Fortschritte.

Und das will natürlich niemand.

Stars unter sich

Brägel wechselt in die Filmbranche und hat Großes vor – zur Freude des Radclubs

Dem Profiradsport geht's hierzulande ja nicht besonders gut. Kein großes deutsches Team ist mehr am Start, Berufsfahrer wie Markus Fothen ziehen sich zwangsweise in die Landwirtschaft zurück, andere, wie Gerdemann, Voigt oder Wegmann fahren für ein Team aus dem winzigen Luxemburg. Und der einst so umtriebige Teamchef Holczer unterrichtet Mathe und Sport an einer Realschule. Sieht also nicht gut aus.

Brägel hat jetzt aber eine Idee, wie es besser werden könnte. »Wir machen einen Imagefilm über den deutschen Radsport«, sagt er am Stammtisch, »ganz großes Kino. Das wird auch neue Sponsoren überzeugen.« Brägel schwebt ein »historischer Bogen über hundert Jahre Radsport« vor, kraftvolle Bilder, untermalt mit Musik von AC/DC und unter der Regie von Pepe Lienhard. Wir sagen ihm, dass der Regisseur Pepe Danquard heißt, dass der schon einen Radfilm namens »Höllentour« gedreht hat, und dass so ein Projekt Geld kostet. Außerdem – wer ist der Produzent? »Ich«, sagt Brägel, »deshalb müssen wir natürlich ein bisschen sparen.« Ok, dann passt wenigstens AC/DC. Sieht schwer nach Highway to Hell aus, das Ganze.

Brägel will historisches Filmmaterial mit nachgestellten Szenen kombinieren. Die noch lebenden Stars werden gefragt, ob sie für Umme mitmachen wollen, andernfalls werden sie durch Doubles aus dem Radclub ersetzt. »Und du«, sagt Brägel und

deutet auf den alten Hans, »spielst Josef Fischer, Kurt Stöpel und Gustav Kilian.« Der alte Hans weiß nicht so recht, warum er den ehemaligen Außenminister, einen Schauspieler und einen ihm völlig Unbekannten namens Stöpel spielen soll, aber da der Präsident neuerdings ein Eifon also mobiles Internet hat, können wir die Wissenslücke schließen. Brägel hat sich gut vorbereitet. Respekt. Dummerweise verläuft das Casting wenig erfolgreich. Manche antworten erst gar nicht, Rudi Altig grüßt aus dem Urlaub, Hennes Junkermann ist verhindert. Nachdem uns auch Pepe Lienhard mitteilen ließ, dass er zwar kein Regisseur sei, aber gern bei der Premierenfeier spielen würde, stehen wir wieder bei Null.

Es wird also doch eine Eigenproduktion, und Brägel präsentiert beim nächsten Stammtisch die Double-Liste. »Der alte Hans gibt außer den Toten noch Junkermann, Altig und Watterott.« Der Präsi stutzt: »Warum denn Watterott?« Die Antwort ist klar – kein Radfilm ohne Herbert, niemals. Brägel selbst will übrigens alle namhaften Radhelden spielen und plant, wie Robert de Niro voll in den Rollen aufzugehen. Für die Verkörperung von Erik Zabel will er 25 Kilo abnehmen, Ulle dürfte so gehen. Der Präsi soll Olaf Ludwig geben und ich Udo Bölts. Für Didi Thurau ist Sabrina vorgesehen, die Bedienung im Clubhaus, weil sie so schön blond ist.

Eine Woche später haben wir die ersten Szenen gedreht. Es ging um die heroische Vogesen-Etappe 1997, als Bölts Ulle wieder an Virenque heranfuhr. Ich brülle also Brägel ein herzhaftes »Quäl dich, du Sau« zu, woraufhin er seine Trinkflasche nach mir wirft, weil er sich nicht von jedem Dackel anmachen lassen will, wie er sagt. Nach zwei weiteren Erlebnissen dieser Art wollen wir dann auf eine Rad-Komödie umschwenken. Mit Uwe Ochsenknecht als Brägel. Oder mit Gerard Depardieu. Wir haben das Gefühl, das könnte funktionieren.

Ein wenig Geld haben wir auch schon. Die örtliche Metzgerei hat auf unsere schriftliche Anfrage prompt reagiert. Sie will 200 Euro sponsern – »wenn wir an keiner Stelle des Filmes erwähnt werden oder zu sehen sind«, heißt es im Brief. Na dann, auf geht's. Brägel, der Film – Klappe, die erste.

Ran an den Speck

In Gartenwirtschaften lauern die schlimmsten Feinde geordneten Trainings ...

Brägel leidet seit einiger Zeit unter dem alterstypisch eigentlich normalen Umbau seiner Figur. Jedem, der es sehen will oder auch nicht, zeigt er neuerdings ein Foto, das er zu Hause gefunden hat und das ihn im zarten Alter von 32 Jahren am Strand zeigt. Man sieht auf dem Bild einen ranken Mann mit vollem Haar und definierter Muskulatur, selbst in der Körpermitte. »Bist du das?«, will der alte Hans wissen. Brägel nickt. »Grausam, was die Zeit aus Menschen macht«, sagt der Präsident, »aber wie kommt es zu dem Foto, hattest du während des Krieges Urlaub?«

Brägel war erst sauer, kam dann aber neulich ziemlich geknickt und leicht humpelnd wieder zum Stammtisch. Der Lapp hat sich so eine Stange gekauft, die man in den Türrahmen spannt und daran Klimmzüge macht, dazu noch so eine Art Drahtgestell mit Armpolster für Sit-Ups.

Dummerweise hielt die Klemmstange nicht lange und Brägel knallte auf die Knie, da er für die Klimmzüge die Beine anwinkeln musste. Jetzt hat er sich im Garten so eine Art Hochreck bauen lassen und will erst aufhören mit dem Training, wenn er 20 Klimmzüge schafft. Im Moment sind es vier. Bei den Sit-Ups lautet der Ist-Soll-Vergleich 15 zu 60.

In einem hat er ja recht: Rad fahren trainiert doch etwas einseitig die Beine, und wenn dann noch das Alter dazukommt, wird

es oberhalb der Hüfte schnell mal ein wenig unstrukturiert. Und so haben wir alle ein wenig traurig die Modeseiten im März-Heft von TOUR durchgeblättert und uns vorgestellt, wie wir wohl in dem quergestreiften Trikot von Biciclista auf Seite 52 aussehen würden. Nun ja – bestellt hat es keiner. Aber für uns alle gilt, dass die größte Gefahr für den Oberkörper dadurch entsteht, dass man heutzutage kaum noch anständig Rad trainieren kann.

Das liegt daran, dass in den vergangenen Jahren sogenannte Gartenwirtschaften wie Pilze aus dem Boden geschossen sind. Selbst die schwindligste Kneipe mit 15 Plätzen in einem verrauchten Zimmerchen quetscht ab Mitte April im Hinterhof zwei Bierbank-Garnituren unter ein weißes Baumarkt-Beduinenzelt, installiert eine Zapfanlage von ebay und stellt auf der Straße ein Schild »Gartenwirtschaft« auf. Zum Essen gibt es fette Würste von einem Grill, der – wenn man die Gasleitungen so anguckt – auch für einen Anschlag taugen würde, oder gerne auch diese unsäglichen Flammkuchen: krümeligkarbonisierte Ersatzkäse-Fladen auf Holztabletts. Bedenklich sieht oft auch der Kartoffelsalat aus, der in der prallen Sonne schwitzt und in dem sich vermutlich mehr Mikroben drängeln als in Brägels acht Jahre alter Trinkflasche vom Team Telekom. Auf unserer Trainingsrunde von 60 Kilometern haben in den vergangenen zwei Jahren acht neue Gartenwirtschaften eröffnet; dazu kommen die alteingesessenen sechs – das macht im Schnitt alle 4,2 Kilometer einen Grund, das Training zu unterbrechen und ein Hefe hell zu bestellen.

»Draußen sitzen ist doch das Schönste überhaupt«, jubelt Brägel immer, wenn wir an so einem Außenausschank vorbeikommen. Also bremst der Lapp im Sommer quasi ständig vor diesen Läden – und findet garantiert schon die erste gastronomische Freiluft-Katastrophe, bevor wir überhaupt in die Fettverbrennung gekommen sind. Aber da der Lapp meist bezahlt und es oft auch Flaschenbier gibt, gehen wir halt mit. Und das sieht man – nicht nur bei Brägel. Er gelobt jetzt aber Besserung. Nur noch ein Stopp nach 35 Kilometern, nur noch alkoholfreies Weizen. Das Lokal ist eine echte Krachbeiz – allerdings mit einer

Bedienung, die Brägel mit Bussi-Bussi begrüßt. »Die sieht aus wie die Katzenberger für Arme«, raunt der Präsi. »Was fahren wir für einen Berg?«, fragt der alte Hans, aber keiner hört zu.

Die Dame hat was, keine Frage. Und jetzt verstehen wir auch die Nummer mit den Klimmzügen und den Sit-Ups.

Generationskonflikt

*Brägels Kinder kommen in ein Alter, in dem sie ihn nicht mehr so toll finden.
Der Radclub wird zur Selbsthilfegruppe*

Es ist so weit: Brägel ist dem eigenen Nachwuchs nur noch peinlich. Jan-Miguel, dem langsam Bartflaum wächst, und die kleine Louise haben neulich gefragt, ob er nicht langsam damit aufhören könne, in grellbunten Klamotten und mit rasierten Beinen Rad zu fahren. Sport sei was für Jüngere und speziell sein Sport sowieso total bescheuert. Auf jeden Fall uncool. Wenn er es aber partout nicht lassen könne – »dann fahr' wenigstens nicht an der Schule vorbei, sonst erkennt dich einer und das wäre superpeinlich für mich«, sagt Jan-Miguel. »Und überhaupt. Mach doch mal was Altersspezifisches.«

Jetzt schaut Brägel am Stammtisch bedröppelt in sein Hefe hell und beklagt den Verfall der Werte. Das waren halt noch Zeiten, als man stolz war auf die Schienbeinnarbe vom Hinterhofkick und als der Knochenhöcker vom Schlüsselbeinbruch im Freibad von den Mädels als Heldenmal angesehen wurde. »Mein Gott«, jault Brägel, »wir waren alle als junge Kerle im Sportverein, hatten blau-rote Ballonseiden-Trainingsanzüge, Wettkämpfe am Wochenende, Adidas Rom an den Füßen, und unser aller Motto war: ›Lieber tot als Zweiter.‹« Und er jammert weiter: »Heute lesen die Kids die Apotheken-Umschau und wollen eine Schönheits-OP zum Abi.« Und man könne ihnen auch tatsächlich schon Fett absaugen. Die meisten Jungen, so Brägel, strenge doch schon Wii an, sie gehen bei bestem Wetter zum Walken aufs Laufband oder wollen Golf spielen – wenn überhaupt. Ausnahmsweise sind wir alle gesammelt bei ihm – gerade waren wir noch die Jugend, jetzt schimpfen wir auf sie. »Ist doch wahr«, jault Brägel, »ich muss Jan-Miguel mit Taschengeldentzug regelrecht zwingen, sich aufs Rad zu setzen.« Nach 20 Kilometern habe er dann keinen Bock mehr oder er müsse dringend heim, eine Krawallshow im Fernsehen anschauen, bei der sich prollige

Menschen anschreien – nur, weil sie ihre Frauen getauscht oder zusammen gekocht haben. »Wo kann man Frauen tauschen?«, fragt der alte Hans, aber wir antworten nicht, schließlich hat er keine.

Brägel hat Jan-Miguel kürzlich zu einer RTF angemeldet. Dessen Antwort: »Da machst du ja auch mit, das ist peinlich. Außerdem macht so etwas keiner, den ich kenne.« Auch der Präsident leidet den Generationenfrust. Seine Kinder würden die Natur nur noch vom PC kennen, könnten nur in Facebook-Lyrik sprechen (Kommste heute zu mich, grins) und suchten überall nach dem Aufzug, weil sie vom Treppensteigen kurzatmig werden. Nebenbei leiden sie nach mehreren Tonnen Schokoriegeln an chronischer Verstopfung und haben bereits einen Rundrücken vom Computer. »Und jeden Morgen die Diskussion: Bus oder Fahrrad«, schluchzt der Präsi, »dabei sind es gerade mal 600 Meter bis zur Schule, und das Rad hat 24 Gänge. Wir wären damals froh gewesen, wenn es zur Dreigangschaltung gereicht hätte.« Wir bestellen noch Hefe hell und sinnen auf Abhilfe. Man könnte die Brut zur Abhärtung in ein amerikanisches Drill-Camp schicken, aber das ist zu teuer.

Wir könnten anfangen Golf zu spielen, aber wer will das schon. »Wie wäre es, wenn ihr euren Nachwuchs mal verkloppt?«, fragt der alte Hans, aber da hört wieder keiner zu. Brägel hat schließlich eine Idee, die tatsächlich funktioniert. Der Lapp kauft sich Kniebundhose, Wollsocken, kariertes Hemd und Hut. Dazu noch einen Wanderstock mit Stocknägeln. So läuft er durch den Ort – Jan-Miguel ist entsetzt. »Wenn dich einer so sieht, bin ich tot«, jammert er. »Wieso«, kontert Brägel, »das ist doch altersspezifisch. Nächstes Wochenende fahren wir dann mit dem Zug nach Stuttgart und wutbürgern ein wenig gegen den Bahnhof – das ist ja auch ein Sport für Alte, sagt man.«

Jan-Miguel ist daraufhin sofort eingeknickt, Louise auch. Brägel darf wieder sein Kelme-Trikot anziehen und radeln gehen. Nur halt nicht an der Schule vorbei, wenn es sich irgendwie machen lässt. Er hat's versprochen.

Sieger am Galibier

Dass Brägel häufig unter Strom steht, daran hat sich der Radclub gewöhnt. Aber so ...

Am Stammtisch klang es toll: Der Radclub will mal wieder in die Berge. So richtig Pässe schrubben in Frankreich. Tagsüber Höhenmeter sammeln, abends dann Rosé und Lamm mit Provençekräutern, zwecks der Blutbildung. Ein paar Tage weg vom Alltag, ohne Pflichten. Super. Dummerweise hat aber Brägel das Ziel ausgewählt, und da der Lapp zu denen gehört, die in der Theorie auch den Mt. Everest ohne Sauerstoff besteigen, soll die Reise an den berüchtigten Galibier gehen. »Da fährt die Tour dieses Jahr zweimal drüber«, erklärt er. Wir begnügen uns mit einem Mal. Der Plan sieht den Anstieg von Norden vor. »Wow, der längste«, sagt der Präsident. Bevor der alte Hans dämliche Fragen stellt, erklären wir ihm, dass rund 36 Kilometer mit 2000 Höhenmetern auf uns warten. »Uiuiui«, sagt der alte Hans, aber Brägel beschwichtigt. »Alles nur eine Frage der Einteilung. Schön locker bleiben, dann geht's schon.« Das sagt der Richtige. Wir bestellen noch ein Hefe und sind bedingt zuversichtlich.

Das Abenteuer beginnt in einer Pension in St.-Jean-de-Maurienne. Die Zimmer sind klein und muffig, die Matratzen weich wie alter Camembert, und sie riechen auch ein wenig so. Das Essen ist ungenießbar. Brägel hat gebucht – 36 Euro, Halbpension. Wir holen aus dem Supermarché noch Dreiecks-Brote im Plastikmantel und ein paar Flaschen Rotwein. Dann werfen wir

die Matratzen auf den Boden, damit es keinen Bandscheibenvorfall gibt, und gehen früh ins Bett. Wie gesagt, der Galibier ist der längste. Wir starten bei Sonne, Windstille, voller Zuversicht und Vernunft. Lockeres Kurbeln zum Télégraphe, dem Voranstieg zum Galibier. Keiner attackiert, Brägel hat vorne Dreifach und die Kette schon auf dem kleinen Blatt. Unglaublich. Als ich überlege, ob das Formschwäche oder Altersmilde ist, tritt Brägel in der Abfahrt nach Valloire plötzlich an. Später wird er sagen, dass er das in einem Taktiklehrbuch gelesen hat. Wir warten kurz, ziehen dann doch an. Dabei verlieren wir den Präsi durch Sturz. Er muss mit dem Taxi zurück, wir rauschen durch Valloire und sehen am Horizont Brägel hinter der ersten Rampe des finalen Anstiegs verschwinden. Er hat noch 17,5 Kilometer zum Gipfel, wir 18. Den schnappen wir noch, sicher. Wir treten, rotzen und fluchen das Hochtal hinauf, kommen aber nicht näher. Da die Straße ziemlich gerade ist, sehen wir ihn immer wieder. »Vamos«, knurrt der alte Hans, muss aber reißen lassen. Wir sagen nichts und treten am Kollapspuls, Brägel kommt nicht näher. Im Gegenteil.

Das Panorama am Galibier sei ziemlich beeindruckend, heißt es. Ich sehe nur meinen Pulsmesser. Das Ganze macht so viel Spaß wie ein Diätkochkurs. Noch fünf Kilometer, die Serpentinen beginnen. Immer wieder sehen wir Brägel, jetzt schon zwei Kehren höher. Ich wünsche mir eine Feuerwaffe, trete aber weiter. Noch knapp 1500 Meter Straße für uns, Brägel winkt schon von der Passhöhe. Als wir schließlich fix und alle oben sind, gibt Brägel jedem ein Schlückchen Gipfelsekt aus Plastikkelchen – hat er im Rucksack hochgefahren.

»Hübscher Berg, oder?«, sagt er. Wir zittern vor Erschöpfung und Kälte, Brägel strahlt rosig. Ganz klar: Doping. Ich frage Brägel, ob wir seinen Rucksack kontrollieren dürfen. Er nickt freundlich – gerne. Wir finden Energieriegel, ein Langarmtrikot, einen Kajalstift (???) und den aktuellen »Playboy«, den er sich gegen den Wind unters Trikot schieben will. Sonst nichts. Unglaublich. Nach 15 Minuten kommt der alte Hans und steigt mit einem Laut aus dem Sattel, der etwa so klingt: »Pfffffzementlujaaberauch.«

Wir fahren wieder runter. Am Gegenanstieg von Valloire zum Télégraphe fällt Brägel zurück. Logo, denken wir, alle Körner am Galibier. Von wegen. Am Abend lockert der Rosé seine Zunge. Das Ganze war ein Fake. In Valloire wartete ein Radverleiher mit einem E-Bike. Deshalb die Attacke abwärts. Wir waren außer Sicht, Brägel wechselte das Velo und fuhr bis 500 Meter vor dem

Pass mit 150 Extrawatt – dann tauschte er zurück. Der Verleiher war im Auto mit Brägels Renner vorausgefahren. Und wir waren zu weit weg, um den Radtausch zu sehen.

»Drecksack«, zischt der hüftgeprellte Präsident. Ich frage Brägel, warum er uns den Betrug erzählt? Ohne Geständnis wäre er im Club doch unsterblich geworden: Brägel – le vainqueur du Galibier. »Weil ich eure dummen Gesichter sehen will«, sagt er und lacht vollfett. Danach wollten wir ihn ein bisschen töten, haben's aber gelassen. Das Hotel ist zwar wirklich ein Skandal. Aber Brägel zahlt.

Rollende Trinker

Was ist ein Radclub ohne Stammtisch? Öde.
Und ein Stammtisch ohne Hefe hell? Eventuell gesund.
Aber noch öder ...

Brägel ist aufgeregt. Das ist zwar nicht wirklich neu, da Brägel auch nur ein Mensch ist, der eben gerne zur Panik neigt. Und die gibt es in Deutschland ja zuhauf. Ein paar böse Erreger auf Sprossen, die eh kaum einer mag – schon stirbt das Land. Brägel isst jedenfalls seit Ende Mai nichts Rohes mehr. Als neulich der Präsident bei der Trainingsrunde zu ihm sagte: »He Alter, Du trittst wie eine Gurke«, bekam er schon davon leichten Durchfall. Aber EHEC ist nicht der Grund für seine jüngste Erregung. Dass er jetzt schweißnasse Hände, Herzrasen und ein schlechtes Gewissen hat, liegt – am Alkohol. »Wisst ihr eigentlich, dass wir alle notorische Trinker sind?«, seufzt er neulich am Stammtisch und schaut traurig in sein Hefe hell. »Du vielleicht, ich nicht«, kontert der Präsi, und der alte Hans meint: »Alkohol verhindert Herzinfarkt. Prost.« Brägel schüttelt den Kopf und erklärt, dass zwei Hefe hell das Maximum wären, was man pro Tag zu sich nehmen könne, ohne vorzeitig an Leberversagen oder Herzinfarkt dahinzuscheiden. Kleine Hefe wohlgemerkt. Betretenes Schweigen. Nach dieser 30-Gramm-Alkohol-Regel sind wir bis auf ein Tee trinkendes Mitglied (Spitzname »Kamille«) allesamt Säufer. Sportive zwar, aber trotzdem.

Wir ermitteln gequält, wer wann zum letzten Mal länger als drei Tage gar nix getrunken hat. Brägel gewinnt, weil er nach seiner Meniskusglättung 2007 drei Wochen in der Reha war und dort keine Lust auf Alkohol hatte. Beim alten Hans war es kurz nach der Währungsreform. Die anderen zucken nur mit den Schultern. Keine Ahnung.

Wir bestellen nach dem Essen wie immer jeder einen Espresso und einen doppelten Fernet (16 Gramm Alkohol) und sind ent-

setzt. Über den Daumen gepeilt haut jeder von uns nach dem Training 66 Gramm Alk weg (zwei große Hefe hell, ein doppelter Fernet, wahlweise Willi oder Ramazotti), also etwa ein Gramm pro Kilometer. Das heißt, wir müssten zu Hause immer Wasser trinken, um im Gesundheitsschnitt zu bleiben. »Macht das einer?«, fragt Brägel weinerlich und erntet Schweigen. Auch eine Antwort. Der Wirt vom Clubhaus wird angewiesen, Hefe alkoholfrei zu ordern. Wir ermitteln im Selbstversuch eine Sorte, die knapp über dem Gefrierpunkt während etwa fünf Minuten getrunken werden kann, ohne nach Rübensaft zu schmecken. Die Folgen sind mächtiger Harndrang und übles Aufstoßen, weil man wegen der höheren Trinkfrequenz vier statt zwei am Stammtisch braucht. Und teuer ist es auch. »Warum sind mehr als 30 Gramm Alkohol täglich eigentlich gefährlich?«, fragt der Präsi. Brägel erklärt uns die fürchterlichen Folgen – von Verblödung über Impotenz bis hin zum qualvollen Tod durch Auszehrung – und sagt, dass er schon eine Leberschwellung an sich feststellen musste. Dabei deutet er mit besorgter Miene auf seine Körpermitte. »Das ist eine hundsgemeine Wampe!«, kontert der Präsi.

Brägel leidet laut Selbstdiagnose aufgrund des Alkohols auch an Schwindel, Zittern und Sprachstörungen. »Immer?«, fragt der Präsi. »Nein«, sagt Brägel, »erst nach vier Hefe.« Wir erklären ihm, dass dies normal ist, ebenso das Kopfdröhnen am nächsten Morgen. Aber wir sind einsichtig. Der Club beschließt, künftig nach dem Radfahren das erste Hefe bleifrei zu ordern, das zweite dann kompletto für den Geschmack und die Stimmung. Fernet wird gestrichen, der Wirt darf danach nur noch Apfelschorle ausschenken.

Seither sind wir alkoholvermindert, der Stammtischabend ist deutlich kürzer, die Form gefühlt leider unverändert. Ob wir gesünder sind, lässt sich auch nicht zweifelsfrei ermitteln, da ja keiner weiß, was die Horde zu Hause so alles treibt. Nur Brägels Abstinenzwelle wird am Ende doch erklärlich. Der Lapp hat bei einer Alkohol-Kontrolle vor ein paar Wochen die 0,5 knapp gerissen und ist drei Monate den Führerschein los. Jetzt übt er schon für die Zukunft.

Sachwerte

*Der Radclub will zur Neuzeit aufschließen und plant den Kauf neuer Räder.
Aber wie soll man das zu Hause erklären …?*

Die Zeit ist ungnädig. Und vor allem vergeht sie so schnell. Wir haben neulich im Radclub so etwas wie eine Materialschau gemacht und dabei festgestellt, dass nicht nur an uns der Zahn der Vergänglichkeit nagt, sondern auch am Rad. Der alte Hans sitzt immer noch auf seinem alten Colnago mit Unterrohrschaltung und Käfigpedalen. Auch sonst dominiert italienisches Dünnrohr mit Achtfach-Campa, das kleine Kettenblatt zu 42 Zähnen. Selbst Brägel, der ja bekanntermaßen Kohle hat, tritt seit gefühlten 30 Jahren sein blaues Gios.

»Männer, wir müssen was tun«, meint Brägel und fügt hinzu, dass ja nun die elektronischen Schaltungen ihre Kinderkrankheiten abgelegt hätten, was doch ein guter Zeitpunkt wäre für die ganz große Lösung. »Damit wären wir Trendsetter!«, jubelt er noch. »Wer hat einen Hund?«, fragt der alte Hans, aber keiner hört zu. So eine neue Brumme wäre ja nett, aber wir überschlagen kurz die Investitionssumme und der Präsident sagt, was alle denken. »Wie erkläre ich denn zu Hause, dass der alte Röhrenfernseher von 1991 mit Rotstich immer noch gut sein soll, während ich den Gegenwert einer Home-Entertainment-Anlage plus Skiurlaub zum Radhändler trage?«

Brägel hat – natürlich – mehrere Lösungen parat. Ganz vorne: die Inflation. Geld sei bald nichts mehr wert, Sachwerte schon, sagt er. Und mit so einem Rad könne man in einer Wirtschafts-

krise immer noch als Kurier arbeiten. Ich denke mal, dass die meisten Frauen bei dieser Begründung den Scheidungsanwalt aufsuchen, aber Brägel hat noch eine Idee. »Ihr müsst den Mädels klar machen, dass ein neues Rad wichtig ist für den Seelenfrieden«, sagt er und wedelt mit einer Frauenzeitschrift, in der Psychologe Dr. Huddlmeier »Tipps für eine erfüllte Beziehung« gibt. Der Doktor meint, man müsse dem anderen klarmachen, dass es ein Ausdruck von Liebe sei, dem Partner den so ersehnten kleinen Freiraum zu lassen. Mag ja sein. Aber der Präsi seufzt: »Wenn ich zu meiner Frau sage: Wenn du mich wirklich liebst, lässt du mich das Rad kaufen, sagt sie sicher: So sehr nun auch wieder nicht.« Die anderen nicken.

Dann hilft laut Brägel nur eine ausgeklügelte Kombistrategie: ein Geschenk kaufen – zum Beispiel eine Geflügelschere, einen Friseurgutschein oder einen Bausatz für ein Küchenkräuterbeet – und dazu ein Sparschwein für eine große Reise im Wohnzimmer aufstellen, in das man jede Woche feierlich fünf Euro versenkt, bis der fürs neue Rad verjuxte Betrag erreicht ist. »In 20 Jahren brauche ich keinen Urlaub mehr«, knurrt der alte Hans, der zwar keine Frau hat, in diesem Fall aber leider recht. Aber Brägel hat uns angefixt. Keine Frage, so ein neues Rad hätte was, mit geiler Elektronik, die superschnell und butterweich die Gänge reinflutscht ...

Am nächsten Stammtisch blättern wir Prospekte und nach vier Hefe hell steht der Entschluss – wir machen es einfach. Punkt. Herrgott, für was arbeiten wir alle wie die Bekloppten? Eben! Geld hat doch nur einen Wert, wenn man was damit macht! Das war vor drei Wochen. Der aktuelle Stand: Der Präsi hat die Inflationsnummer gespielt und musste daraufhin Anteilsscheine für 100 000 Liter Heizöl kaufen; für ein Rad hat es dann nicht mehr gereicht. Ein anderes Mitglied hat die Frage nach der Liebe gestellt, woraufhin seine Gattin nachgedacht hat und jetzt bei ihrer Schwester wohnt. Gekauft haben bisher nur der alte Hans und Brägel. Der alte Hans hat nur ein Auslaufmodell ohne Elektronik für 1399 Euro geordert; Brägel nahm dagegen unfassbare 5900 Euro in die Hand und schenkte seiner Viola im Gegenzug eine Diddl-Handytasche, einen reduzierten Terracotta-Kübel aus dem Baumarkt, eine Flasche Massageöl und eine

Pulle Prosecco. Das Öl und den Sekt gab es beim Händler zum Rad dazu. »Und?«, fragt der alte Hans. »Sie hat sich gefreut, alles okay«, sagt Brägel. Manchmal ist mir der Kerl regelrecht unheimlich.

Alle meine Freunde

Wie viele Menschen heutzutage, will sich auch Brägel zunehmend öffentlich mitteilen.
Zum Leidwesen seiner Clubkameraden

Unser Leben wird immer öffentlicher. Leider. Milliarden Menschen tauschen über das Internet Belanglosigkeiten aus, twittern aus der Waschanlage »Bin in der Waschanlage« oder heben im Gesichtsbuch den Daumen, wenn einer »Jep« schreibt, warum auch immer. Neulich am Stammtisch startet Brägel noch vor dem ersten Schluck Hefe hell sein Designer-Flachteil vom Apfelkonzern. »Muss noch rasch was posten«, sagt er, worauf der alte Hans sofort lächelnd in die Runde schaut und sein Glas erhebt, was aber keiner registriert. »Und was postest du?«, fragt der Präsident. »Na, dass wir da sind«, antwortet Brägel. »Jep«, sagt der Präsi, und dann ist es erst einmal still. Gegenstandslosigkeit als Programm – aber es gibt Schlimmeres. Zum Beispiel, dass die Menschheit ihr Leben mittlerweile öffentlich präsentiert – als Spruch auf dem Hemd. Brägel trägt seit kurzem immer mal wieder ein seltsames T-Shirt, und das nicht nur, weil es Zitronengelb ist. »Mont Ventoux 2009 – ich war dabei«, steht da. Es ist eine Geißel des technischen Fortschritts, dass man sich heute für ein paar lumpige Euro jeden Mist auf ein Stück Stoff drucken lassen kann.

Die Städte sind voller Menschen, die wie Litfasssäulen herumlaufen und andere mit belanglosen Episoden aus ihrem Leben nerven. »Klassentreffen 1993 – und ganz viel Bier«, sieht man, oder Geburtsdaten, Babyfotos und halbwitzig veränderte

Werbebotschaften (»Wenn's vorne juckt und hinten beißt, hilft Klosterfrau Melissengeist«). Einfach grauenhaft, aber offenbar nicht mehr zu bremsen, obwohl das nun wirklich keinen interessiert. Bei Brägel müsste der Text übrigens korrekt heißen: »Mont Ventoux 2009 – ich war dabei, aber erst in 2:25 Stunden oben und mit 20 Minuten Rückstand Letzter«, aber so was passt natürlich nicht mal bei Brägels Wampe auf ein einziges Shirt. Was den Lapp natürlich nicht davon abhält, beim nächsten Stammtisch mit einem Packen weißer Billig-Shirts anzurücken. »TEAM PRODORA – für Doping im Radsport« steht da drauf, was Brägel ungeheuer lustig findet. »Bist du bescheuert?«, fragt der Präsident, aber Brägel kontert: »Die Wahrheit muss man aussprechen«, sagt er und streicht das Shirt demonstrativ glatt. Zum Glück durften wir feststellen, dass die Hemdsprüche eh keiner liest. Zumindest erregte Brägels Botschaft nicht mal beim örtlichen Kriterium am Streckenrand Aufmerksamkeit. Offenbar ist es vielen schlicht zu lästig, auf anderer Leute Brust zu lesen – bei Brägel besonders, weil seine Physiognomie die Buchstaben ins schwer Leserliche verzieht.

Trotzdem erscheint er bei der nächsten Ausfahrt mit neuem Trikot, auf dessen Rücken »Wenn du das lesen kannst, bist du schnell« steht. Eine leere Botschaft, da Brägel eh meist hinten fährt und die Ansage außer dem alten Hans keiner bemerkt hat. Und der hat ihn am letzten Anstieg mit hochrotem Kopf versenkt, was ihm sonst selten gelingt. Am Stammtisch startet Brägel wieder sein Tablet, um der Welt irgendwas mitzuteilen inklusive Smartphone-Foto vom Start, als er kurz vorne fuhr. »Antwortet dir auch jemand?«, fragt der Präsident. »Alle meine Freunde«, sagt Brägel stolz. »Also niemand«, knurrt der alte Hans, und wir lachen herzlich.

Wir können nur hoffen, dass die Manie, alles in drei Worten sagen zu wollen und das auch noch öffentlich, bald wieder

nachlässt. Im Moment sieht es nicht so aus. Brägel erscheint urplötzlich mit dem Klassiker-Spruch »Lieber tot als Zweiter« auf dem Trikot zur Ausfahrt. »Brägel ist gestorben«, grunzt ein junges Mitglied und drückt die Oberschenkel durch, dass die Adern unter der Haut schwellen. Das hat der Lapp nun davon – so eine dicke Lippe riskiert man mit seiner Form besser nicht und schon gar nicht permanent sichtbar. Seit er seine seltsamen Botschaft-Trikots fährt, sind die Trainingsfahrten alles andere als entspannt. Brägel wird von den Jungen im Clubhaus mit einer Messitsch auf seinem Akaunt empfangen: »Dead man cycling!«

Ich denke mal, dass die Kurz-Info-Marotte sich wie die anderen auch wieder mal legt. Viel Hoffnung haben wir allerdings noch nicht. Beim letzten Stammtisch brachte die Bedienung ungefragt ein Hefe hell und Pommes rot weiß zu Brägel. Hefe ist Standard, Pommes sind bei dem Lapp aber eher selten, weshalb wir wissen wollen, woher der Wirt das weiß. »Gepostet«, sagt Brägel, und der alte Hans hebt schon wieder sein Glas.

Kraft der Gedanken

Brägel ist ein Technikfan – und stets bereit zu Experimenten. In der Regel lässt das seine Clubkameraden kalt. Aber diesmal ...

Als regelmäßiger TOUR-Leser hat Brägel neulich auch die Meldung gesehen, dass man jetzt bald die Gänge des Rades nur mit der Kraft der Hirnströme schalten kann. Wenn man will. Das hat ihn aufs Schärfste fasziniert. Keine Hebel und Knöpfe mehr – nur ein kleiner Gedanke und, schwupps, Kette rechts. Brägel müht sich um Kontakt zu den Erfindern.

»Das Ding will ich haben«, sagt er am Stammtisch. »Ich glaube, du solltest eher über eine Starrachse nachdenken«, sagt der Präsident, »ich bin mir nämlich nicht ganz sicher, ob man bei dir irgendwelche Ströme im Kopf messen kann.« Wir haben herzlich gelacht und uns den Lapp vorgestellt, wie er eine ganze Ausfahrt in einem Gang treten muss, weil sein Helm keine Ströme misst. Oder, falls Brägel doch so etwas wie ein Gehirn hat, er dauernd in viel zu dicken Gängen fährt, weil er denkt, er sei Philippe Gilbert. »Idioten«, zischt er, »meine Gedanken sind klar wie ein Gebirgsbach.«

Da mussten wir auch wieder lachen. Wir denken eher, dass sich Brägels Schaltung in ein Hefe hell oder in die blonde Bäckereifachverkäuferin verwandeln würde, wenn man seine Hirnströme während einer Trainingsrunde messen könnte. Aber Brägel wird sich das Ding besorgen, wenn es erst mal auf dem Markt ist. Sicher.

Schließlich gehört er zu den Menschen, für die alles Neue eine ungeheure Anziehung hat, zumindest was Technik angeht. Er hat die neuesten Handschuhe, mit denen er während der Fahrt sein iPhone bedienen kann, einen Radcomputer, der mit ihm spricht, eine gefederte Sattelstütze und Speichen mit unterschiedlicher Spannung und Form, die ab einer gewissen Drehzahl den Fahrtwind in Töne wandeln, die wie »Für Elise« klingen.

Und jetzt hat er uns für kommenden Samstag zu sich nach Hause eingeladen. Da die Wettervorhersage mies ist, will er uns seinen neuen Hometrainer präsentieren. »Wir fahren Alpe d'Huez«, sagt er. »Wo ist ein Fest?«, nölt der alte Hans, aber keiner hört zu. Sein Rad hat er im Wohnzimmer auf ein teuer aussehendes Gestell montiert. Das Ensemble ist vor dem Fernseher aufgebaut, der die Größe eines Kinderspielplatzes hat. Brägel kann diverse Programme fahren und sieht die Straße auf dem Bildschirm. Der Rollwiderstand des Hinterrades wird entsprechend der Steigung erhöht. Brägel startet das Programm Alpe d'Huez.

Wir sehen ihn links in den Anstieg einbiegen, dann fällt er aber vom Bock, weil er die Kurbel nicht mehr rumkriegt – er hat es mit 39 x 15 versucht, typisch. »Na, nicht ans Schalten GEDACHT?«, höhnt der Präsident. »Wie wär's mit dem Programm Donau-Radweg?« Wir müssen wieder lachen. Aber das Maschinchen ist zweifellos faszinierend, und so starten wir die virtuelle Clubmeisterschaft Alpe d'Huez auf Brägels Hometrainer. Damit alle drankommen, nur die ersten vier Kehren.

Es gewinnt der Präsi, Brägel landet mit angepasster Übersetzung (39 x 28) irgendwo im Mittelfeld, während der alte Hans beleidigt nach Hause geht, weil ihn in dem Film ein junger Mann in Turnschuhen und mit einem Kinderanhänger überholt hat. Auf jeden Fall ist es Brägel gelungen, uns alle anzufixen. Indoor ist fein, wenn es draußen matschig und kalt ist, und Brägels Trainer eine andere Welt als unsere alten Rollen. Die meisten haben jetzt jedenfalls so ein Ding auf ihre Wunschliste für Weihnachten geschrieben, für den 6. Januar ist ein Rennen auf den Mont Ventoux geplant. Virtuell natürlich. »Bis dahin mach' ich euch alle nass«, sagt Brägel, »weil ich dann bereits mit dem Gehirn schalte.«

Das sollte wohl wie eine Drohung klingen, lässt uns aber eher entspannt nach Hause gehen. Bleibt die Frage, ob es vernünftig ist, sich schon so früh im Jahr den Ventoux hochzuschinden, auch wenn es nur virtuell ist. Aber nachdem der Radclub noch nie ein Hort der Vernunft war und es den Donau-Radweg als Programm nicht gibt, ist auch diese Frage beantwortet. Wir greifen an.

Wintertage in der Jasmingrotte

Bei Schnee und Eis im Freien zu trainieren, ist nur eine Möglichkeit für Radsportler im Winter. Brägels Radclub kennt noch eine andere: den Besuch eines Erlebnisbades

Mistwetter. Man soll ja nicht übers Klima jammern, das sei nur was für Gammelfleischrunden – so bezeichnete Brägel jüngst, nach drei Hefe hell, einen Stammtisch anlässlich des 50. Geburtstags des Präsidenten. Ein Scherz, den außer ihm nur der alte Hans lustig fand. Warum, blieb dessen Geheimnis.

Aber gut, klagen übers Wetter zählt wirklich nicht. Wann immer es geht, zwängt sich der Radclub in Funktionswäsche und sammelt frühe Kilometer für bessere Zeiten. Schließlich haben wir alle zu Weihnachten diese Wäscheteile bekommen, die laut Beipackzettel warm im Schritt und angenehm auf der Haut sind. Seltsamerweise alle die gleichen blassblauen Modelle … Brägel hat dann rausgefunden, dass ein großes Kaufhaus das Zeug drei Tage vor Heiligabend an Kundenkartenbesitzer mit 50 Prozent Nachlass verramscht hat, leider nur noch in XL. Der alte Hans hat deshalb wieder seine olivgrünen Bundeswehr-Unterhosen aus den 1960er-Jahren am Start, obwohl die eigentlich nur noch aus dem seitlichen Eingriff bestehen.

Brägel hätte in XL knapp reingepasst, seine Viola hat ihm aber High-End-Unterwäsche aus mundgepflückter Wolle glücklicher Angora-Kaninchen gekauft. Oder so ähnlich. Kurzum – es ist zwar auszuhalten mit dem Rad im Freien, aber Spaß macht es nicht wirklich. Zumindest nicht immer. Brägel hatte deshalb

die Idee, uns in einen dieser Freizeittempel einzuladen, die man Erlebnisbad nennt. Wir fahren gut gelaunt hin – und erleben ein Desaster. Gleich zu Beginn stürzt sich Brägel in eine gefühlt zehn Kilometer lange Rutschröhre und zwar in die Luke »für Fortgeschrittene«. Leider kommt er unten nicht raus, weil er sich in einer Spiral-Steilkurve verkeilt. Kurz darauf wird er von einem strammen Jugendlichen rausgeschossen, der ihm die Fersen in einen unaussprechlichen Rückenmuskel rammt. Brägel humpelt, der Junge nuschelt: »Sorry, Chef.«

Nachdem dann der alte Hans nur durch den beherzten Einsatz des Bademeisters vor dem Ertrinken im Wellenbad gerettet werden kann, gehen wir langsam in Richtung »Saunaland«. Brägel erklärt, dass die brutale Hitze einer finnischen Sauna nicht optimal sei in der Phase des Grundlagentrainings. Das hat er zwar exklusiv, aber wir folgen ihm trotzdem brav zu einem der etwa 25 Dampfbäder namens Jasmingrotte. Drinnen riecht es nach billigem Weichspüler, und es ist derart neblig, dass man so gut wie nichts sehen kann. Wir wollen uns gerade setzen, als spitze Schreie aus dem Nebel dringen. Brägel hat uns in den Teil des Saunalandes geführt, der dienstags für Frauen reserviert ist. Und heute ist Dienstag.

Danach haben wir große Mühe, einer Badeaufsicht mit rasiertem Schädel und der Figur eines ukrainischen Türstehers zu erklären, dass wir das Hinweisschild in der Größe eines Doppelbetts übersehen haben. Zudem trägt der alte Hans auch noch seinen olivgrünen Eingriff, was im textilfreien Bereich nicht erlaubt ist. Wir versuchen es dann doch mit der klassischen Sauna. Da ist die Sicht besser, aber nicht gut genug für den Präsi. Der wird ohnmächtig, weil er stur einer alten Regel folgt, nach der echte Kerle die Sauna erst dann verlassen, wenn auch der Letzte draußen ist, der vor einem reingekommen war. Das Männlein ganz oben, das der Präsi immer fixiert hat, ist aber die Leihgabe eines finnischen Holzschnitzers, also tot. Aber Kunst. Radfahrer bleibt eben Radfahrer: Lieber tot als Zweiter. Das wird spätestens dann klar, als Brägel kurz vor Ablauf unseres Sechs-Stunden-Tickets noch an einem Apnoe-Kurs teilnimmt. Beim Apnoe-Tauchen legt man sich als Anfänger erst mal mit dem Gesicht nach unten flach aufs Wasser und hält die Luft an, solange man kann. Oder bis man stirbt. Wie gesagt, Brägel ist Radfahrer. Als der Lapp nach 1:30 Minuten vom Trainer aus dem Wasser gerissen wird, ist er rot wie ein Hummer, den man in kochendes Wasser geworfen hat. Aber er lebt noch ein bisschen. Hoffentlich wird das Wetter bald besser.

Nach Plan

Das Frühjahr ist die Zeit der Trainingspläne – also die Zeit, in der man seine zum Jahreswechsel gefassten Vorsätze in Taten umsetzen sollte. So wie Brägel!

Was ist 4000 geteilt durch 366? So ziemlich genau 10,928 – was Brägel großzügig auf 11 aufgerundet hat. Was die Rechnerei soll? Ganz einfach: Brägel hat sich als Ziel für dieses Jahr 4000 Kilometer im Sattel vorgenommen und ausgerechnet, dass er dazu an jedem der 366 Tage (wir haben ein Schaltjahr) nur knapp elf Kilometerchen fahren muss. Das ist selbst für Brägel machbar, denn obendrein ist der Lapp ja als Selbstständiger zeitlich flexibel. Aber: Wir gehen auf Ende Februar zu, Brägel müsste die ersten 600 Kilometer knapp überschritten haben, doch sein Tacho zeigt erst 390. Was ist passiert? Brägel zieht eine kleine Kladde aus der Tasche, sein »Trainingsbuch«.

Wir zitieren:

1. Januar: Eröffnungsrunde, Start 14 Uhr. Es läuft prima, bis zum Hausberg. Oben wird mir schlecht, ich muss mich übergeben: Rotwein, Schnaps und ein Klumpen Raclette-Käse von der Größe eine Boulekugel. Dazu leichte Schmerzen in der linken Fußsohle. Trotzdem: immerhin 35 Kilometer. Zwei Tage Vorsprung vor dem Schnitt, geil.

2. Januar: Ich will los, kann aber kaum laufen. Schmerzen in der linken Fußsohle. Entdecke im Radschuh einen stacheligen

Metallklumpen, mein Orakel vom Bleigießen, das ich nicht mehr finden konnte. Fuß eitert etwas.

3. bis 6. Januar: siehe 2. Januar. Mist. Rückstand.

7. Januar: Meine Frau Viola sagt, ich soll auf Andrea aufpassen. Ich kenne keine Andrea, werde aber nach knapp 1:30 Stunden von einer heftigen Windböe umgerissen. Eine Polizeistreife findet mich und bringt mich direkt nach Hause, weil ich mir das Knie verdreht habe. Einer der Beamten redet von einem Orkan namens Andreas und sagt »Wahnsinniger ohne Verantwortung« zu mir. Ich kontere mit »Warmduscher in Uniform«. Bilanz: 73,6 km, 150 Euro Strafe. Bin wieder im Soll.

15. Januar: Knie geht wieder, erste große Sonntagstour, trotz leichter Erkältung. Erreiche nach vier Kilometern eine Stoppomat-Strecke und haue rein. Nach 20 Minuten Druck aufs Pedal leise Ohnmachtsgefühle. Ein zufällig vorbeikommender Arzt erklärt mir, dass man a) so früh im Jahr nicht so hart fährt, schon gar nicht mit Infekt, und dass es b) besser wäre, bei Puls 180 ein bisschen langsamer zu tun, statt nur den piepsenden Pulsmesser abzuschalten. Ich bekomme zwei Wochen Fahrverbot.

2. Februar: neuer Tachostand 190. Muss dringend nachlegen. Die Radwege sind ein Chaos aus Splitt, Sturmholz und Neujahrsscherben; ich fahre auf der Straße. Ein Autofahrer hupt und deutet hektisch auf den Radweg. Strecke ihn an der nächsten Ampel mit einer Portion Pfefferspray nieder. Als ich gerade noch einen Außenspiegel abreißen will, kommt schon wieder die Polizei. Der Beamte ist der »Warmduscher in Uniform«, ich werde zur Feststellung der Personalien vorläufig verhaftet.

Das Pfefferspray sei im Übrigen nur für Tiere. Sagt die Polizei. Mein Einwand, der Autofahrer sei ein »dummer Hund«, kostet 50 Euro extra.

10. Februar: Geht doch. 78 km, das Wochenpensum an einem Tag, keine Autofahrer, keine Polizei, kein Infekt. Kurz vor dem Ziel überholt mich eine Gruppe junger Kerle, einer grinst spöttisch und sagt: »Schönen Tag noch!« Kampfansage. Ich bleibe dran, der Tacho fällt nicht mehr unter 36. Kurz vorm Clubhaus setze ich mich fünf Sekunden an die Spitze, schaffe ein lässiges Tschüss und biege ab. Wunderschönes Gefühl. Kurz drauf habe ich Schüttelfrost, Durchfall und Kopfschmerzen. Der Arzt spricht von akuter Überlastung und verordnet eine Woche Sportverbot.

20. Februar: Bis gestern jeden Tag brav nur elf Kilometer im Wald gefahren. Heute wieder mal auf der Straße. Eine Frau in einem Geländewagen überholt mich knapp und fuchtelt mit den Händen. An der Ampel erklärt sie mir, dass sie Radfahrer auf der Straße hasse. Ich sage nix (ist ja eine Frau), entdecke die Karre aber zwei Kilometer weiter auf einem Parkplatz. Mit der Spitze meines Hausschlüssels lasse ich ihr hinten die Luft raus. Das Leben ist schön.

Soweit Brägels Kladde. Wir wissen nicht, ob er seinen 11er-Schnitt durchzieht. Aber eines ist sicher: Brägel hat sich auch im neuen Jahr nicht geändert. Kein bisschen.

Von Jürgen Löhle

sind außerdem auch die Bände »Kurz und flach«, »Normale Härte« und »Nur zum Spaß« mit Geschichten um den Hobbyisten Brägel und seine Freunde im Delius Klasing Verlag erschienen.

Bitte beachten Sie dazu auch die folgenden Seiten.